Trois visages...

En l'église Saint-Antoine de Valprionde. Qui sont nos trois visages ?

Soumissions à Montcuq

Belmontet, Lebreil, Sainte-Croix et Valprionde à genoux

Du même auteur*

Certaines œuvres sont connues sous différents titres.

Essais

Les villages doivent disparaître !
Comment devenir écrivain ? être écrivain !
Contrairement à Gérard Depardieu, dois-je quitter la France ?
Alertez Jack-Alain Léger !

Romans

Le Roman de la Révolution Numérique (Péripéties lotoises)
Ils ne sont pas intervenus (Peut-être un roman autobiographique)
La Faute à Souchon (Le roman du show-biz et de la sagesse)
Quand les familles sans toit sont entrées dans les maisons fermées
Viré, viré, viré, même viré du Rmi !
Liberté j'ignorais tant de Toi

Théâtre

Neuf femmes et la star
Les secrets de maître Pierre, notaire de campagne
Ça magouille aux assurances
Chanteur, écrivain : même cirque
Deux sœurs et un contrôle fiscal
Amour, sud et chansons
Pourquoi est-il venu ?
Aventures d'écrivains régionaux
Avant les élections présidentielles
Scènes de campagne, scènes du Quercy
Trois femmes et un Amour
J'avais 25 ans

Photos

La route lotoise G.P Dagrant: les vitraux de trente-trois églises
Cahors, 42 inscriptions aux Monuments Historiques

Théâtre pour troupes d'enfants

La fille aux 200 doudous
Les filles en profitent

* extrait du catalogue, voir www.ternoise.net

Stéphane Ternoise

Soumissions à Montcuq

Belmontet, Lebreil, Sainte-Croix et Valprionde à genoux

Jean-Luc Petit éditeur - Collection Essais

Stéphane Ternoise versant essayiste:

http://www.**essayiste**.net

Tout simplement et logiquement !

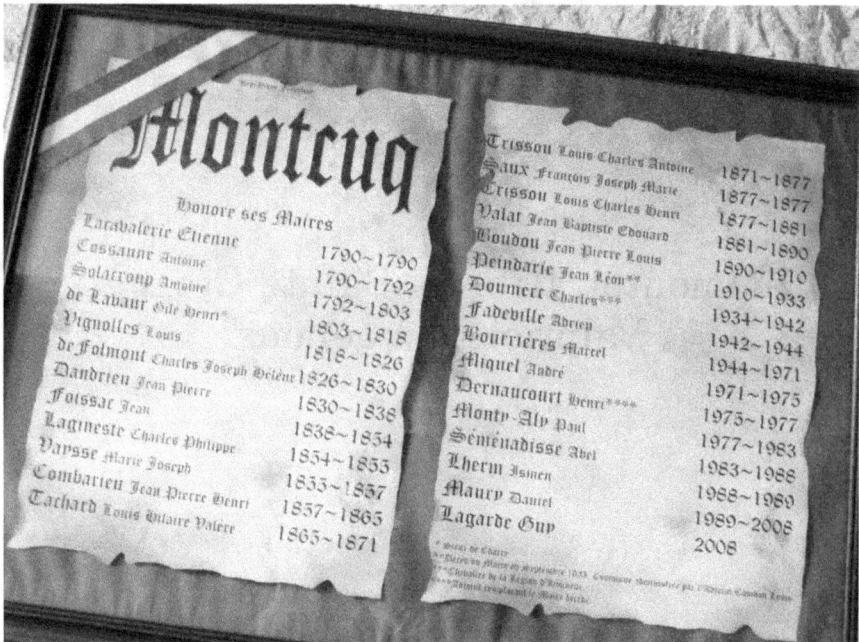

Site officiel : http://www.ecrivain.pro

Ils m'ont donné un bon sujet, je n'allais quand même pas me priver…
Ensuite ? Chacun continuera son petit rôle… Je partirai peut-être... Certains un jour se demanderont pourquoi et comment leurs ancêtres ont fait cela... Alors ce livre constituera sûrement une nouvelle preuve de l'inutilité des explications quand la foule se précipite vers le mur... D'autres l'ont déjà vécu dans des circonstances nettement plus dramatiques...

Je ne suis pas là pour attribuer des bons points ou des cartons rouges… Simplement raconter… Nous en sommes à l'époque où la simple narration peut susciter des colères… Mais ce fut pire pour Sénèque et Socrate…

Dans les campagnes, il n'existe, normalement, aucun contre-pouvoir "médiatique". Raconter ainsi un épisode rural, au-delà de n'intéresser "personne" (ce ne serait pas le premier livre invisible), frise l'incongruité. Tu n'as rien de mieux à faire ? Un écrivain doit s'intéresser aux grands problèmes !
C'est donc mon côté Mère Teresa « *Bien des gens acceptent de faire de grandes choses. Peu se contentent de faire de petites choses au quotidien.* »

On peut être favorable, réticent, opposé à la fusion. Il ne s'agit pas d'un exposé de bonne organisation nationale mais de présenter la méthode utilisée, et les conséquences sur la vie en ces lieux. Donc des causes devront être recherchées... Occasion d'explorer un peu l'histoire oubliée de ces villages... Les ruraux méritent cet affront, pour avoir laissé leur territoire dériver ?

Dans la vie il faut se soumettre
Ou se faire…
Mais non pas « se faire »
Ni se « faire avoir »
ni « avoir »
Mais être…
Être tout simplement
En sachant qu'avec le temps…
11 octobre 2015

Je lance "dans la vie il faut se soumettre" chez google, il me répond « *Aucun résultat trouvé.* » Etonnant, non ?
Je lance alors "dans la vie il faut" et les réponses me semblent d'une horrible banalité… Oui, nous en sommes là…
« Dans la vie, il faut être bon, mais il ne faut l'être deux fois. »
« Quoiqu'il arrive dans la vie, il faut se battre et continuer. »
« Dans la vie, il faut choisir entre le verbe "être" et le verbe "avoir". » (Jacques Brel eut des aphorismes plus utiles)
« Dans la vie il faut savoir compter… mais pas sur les autres. »
« Dans la vie, il faut obéir aux règles du jeu. »
« Dans la vie il faut toujours viser la lune. »
« Dans la vie il faut savoir faire des choix. »

La démocratie, notre République, doit-elle tolérer de telles pratiques ? Si la "fusion" s'effectue dans ces conditions, en annexion de territoires ruraux par "une ville", c'est la porte ouverte aux grandes manœuvres. Les vainqueurs du jour pourraient rapidement être écrasés à leur propre jeu. L'heure est venue de reconstituer les féodalités, liquider la révolution française ?
Ce genre de "fusion", ce n'est pas de la modernité mais du féodalisme.

Soumissions à Montcuq

Ailleurs, paraît-il, des unions se préparent dans la joie, la bonne humeur, l'enthousiasme. Quand des communes de taille équivalente souhaitent travailler ensemble, quand les populations se connaissent, se respectent, la fusion peut se concevoir.

Dans le sud du Lot, au pays du clientélisme, après "le rêve" d'un énorme Montcuq à l'échelle des seize communes de l'ancien canton, quatre maires ont adhéré... On peut certes sourire de la naïveté de villageois convaincus qu'il s'agit de la seule donc meilleure solution, effrayés par le pistolet de la baisse des dotations...

Génial pour Montcuq ! L'ensemble du Conseil Municipal s'est empressé d'approuver : le maire a réussi à obtenir de nouveaux contribuables. De bonnes poires disposées à payer plus pour encore moins de services. Monsieur Lalabarde, en doublant la surface de son territoire, efface ainsi l'affront de ne même pas avoir obtenu la septième vice-présidence de la communauté de communes en 2014 ! De quoi lancer des projets immobiliers dans "les banlieues"...

Certes l'augmentation de la pression fiscale sera "lissée dans le temps" mais les conquis n'ont pas poussé leur édile à leur avouer qu'une revalorisation de la base de calcul semble inévitable. Ils furent rassurés par une "faible" progression du taux de taxe d'habitation et personne ne leur a confié qu'elle cachait une hausse exponentielle de la foncière. Montcuq aura les moyens d'assumer ses ambitions de distractions (peut-être même en utilisant le terme culture).

Ils n'ont même pas demandé, ces manants, qu'en leur trou figure un arrêt de Montcuq, du bus, car de train il n'en est plus question depuis si longtemps...

Qui veut devenir un trou de Montcuq ? Belmontet, Lebreil, Sainte Croix et Valprionde, par ordre alphabétique. Montcuq en Quercy Blanc doit naître le 1er janvier 2016. Madame la préfète du Lot, informée de mon travail, n'a pas attendu sa publication : elle a publié son décret de création d'une pitoyable et risible commune nouvelle, reposant sur les piliers du féodalisme.

Punition sûrement méritée pour ces villages... Soumettez-vous ! Le fossoyeur des patelins est passé par chez vous.

Peut-on parler de vol des biens de communes gérées en "bons pères de familles" par l'endetté village au Monopoly ?
Une édifiante histoire, comme quoi les "petits élus" n'ont rien à apprendre quand il s'agit de rouler dans la farine leurs contribuables.

La féodalité, officiellement abrogée, semble toujours inscrite dans des têtes. Comme au temps des comtés, certains doivent perdre leur indépendance, être rattachés... Nul besoin d'armes militaires, un "décret gouvernemental", la baisse des dotations, et peut-être l'espoir de médailles, ont suffi pour enclencher le mécanisme des fusions, voulu depuis 1971 par des technocrates... Et si quelques ambitieux pensent pouvoir se servir de la République, le tour est joué... Trahison des promesses de 2014 ? Car il y eut bien des élections municipales l'année dernière. Mais qui s'en souvient, de leurs promesses ?... Ils sont pragmatiques, travaillent pour notre bien... En plus, il conviendrait de les applaudir ?

Naturellement, un tel document se doit d'aborder la communauté de communes du Quercy Blanc et d'oser quelques pronostics pour les prochains mois, les prochaines années... C'était le devoir d'un écrivain indépendant dans un pays où la presse d'accompagnement donne la parole aux élus sans vérifier si d'autres solutions ne seraient pas préférables, si l'histoire ne nous enseigne pas d'autres probabilités...

Ce livre n'a pas vocation à expliquer le mécanisme des fusions, des créations de "communes nouvelles" : se référer, pour la législation, à la référence "les villages doivent disparaître !", publiée en mai 2015.

Stéphane Ternoise
Au pays des conquis
http://www.lotois.fr

Il existait un canton de Montcuq

Le charcutage ayant abouti à la "disparition du canton de Montcuq" eut pour conséquence locale la suppression de sa "représentation" devant *l'espace animation* où les 57 devraient se réunir.

Après avoir imaginé sa préservation, j'ai retrouvé ce symbole en octobre 2015, pas loin de là, "derrière", près d'un conteneur de recyclage des ateliers municipaux. Nous vivons une époque de grand respect pour les créations artistiques, même si cette manière d'exposer les seize communes manquait, un peu, d'esthétisme.

Ce que fut le canton de Montcuq

La France est passée de 40 à 58 millions d'habitants de 1901 à 1999. Ce canton de Montcuq de 7656 à 3757. 51% d'évaporation. La bourgade la plus peuplée a connu une érosion presque aussi importante. Si l'on retire Montcuq : 5788 à 2495. 57% d'évaporation.

Chiffres 1901--> 1999

Bagat : 366 --> 192
Belmontet : 303 --> 141
Le Boulvé : 534 --> 182
Fargues : 416 --> 149
Lascabanes : 519 --> 167
Lebreil : 291 --> 131
Montcuq : 1868 --> 1262
Montlauzun : 182 --> 117
St-Daunès : 407 --> 205
St-Laurent : 450 --> 202
St-Pantaléon : 544 --> 223
Ste-Croix : 233 --> 69
St Cyprien : 518 --> 309
St-Matré : 246 --> 122
Saux : 267 --> 133
Valprionde : 512 --> 152
7656 habitants en 1901 dans le canton. 3 757 habitants au recensement de 1999.

Montcuq 1262 + Belmontet 141 + Lebreil 131 + Valprionde 152 + Ste-Croix 69 : 1755.
Les derniers chiffres de l'INSEE fournissent 2012 : Montcuq 1258 + Belmontet 148 + Lebreil 174 + Valprionde 120 + Ste-Croix 75 : 1755. Etonnant mais on obtient le même total. Comme si la population avait dérivé de Valprionde à Lebreil.

Alors que le Conseil Municipal de Montcuq a communiqué sur une « *population totale (DGF) de 2110 habitants.* » Etonnant ?

La notion de "population DGF", pour "*Dotation globale de fonctionnement*" est "un peu" une construction de l'esprit même si elle repose sur des faits réels :

Ainsi :

- La population totale issue de l'authentification du recensement est forfaitairement majorée d'un habitant par résidence secondaire.

Ce nombre inclut les logements occasionnels mais non les logements vacants.

Au total, le nombre de résidences secondaires aboutit à majorer la population nationale d'un forfait de 3,1 millions d'habitants.

- La population totale est majorée d'un habitant par place de caravane située sur une aire d'accueil des gens du voyage...

La "population DGF 2010" atteignait ainsi 68 968 367 habitants contre 63 600 690 effectivement dénombrées au 1er janvier 2010.

Mais qui maîtrise cette notion de "population DGF" ? Communiquer sur ce chiffre de *2110 habitants* me semble très significatif de la méthode d'enfumage général de la population.

J'ai donc recherché "Montcuq aire d'accueil des gens du voyage." pour découvrir un simple article de leur dépêche, en décembre 2013 : « *Des aires de petits passages (moins de dix places) avaient été, également, prescrites sur Montcuq, Castelnau-Montratier ou encore Lacapelle-Marival. Là non plus, aucune réalisation d'entreprise.* »

Ainsi, il y aurait sur ces cinq communes environ 2110 - 1755 soit 355 résidences secondaires. Comme l'argumente Blondin dans une chanson écrite dans la région : supprimez la taxe d'habitation et récoltez le même argent par celle d'inhabitation. Des résidences secondaires, c'est finalement préférable, non ? Ces propriétaires, conscients de leur situation, payent des impôts et ne se mêlent guère de politique. Les plus intéressants sont les hollandais et les anglais ?

Bref... Les monuments aux morts témoignent certes de la saignée 1914-1918 mais d'autres phénomènes expliquent cette désertification. Nous traversons une phase de nécessaire repeuplement mais le département a géré le développement d'Internet pour ne pas risquer l'afflux de populations par nature rétives à la politique politicienne. Ce qu'il fallait faire en l'an 2000, ils le prévoient pour 2025. Certains semblent se satisfaire du statut de parc de jeu pour fortunés (résidences secondaires)... Vivre ici est un défi. Encore plus dans le domaine culturel.

Le "coordinateur" a clairement expliqué sa volonté d'atteindre pour *Montcuq en Quercy Blanc* la taille de cet ancien canton.

Les chiffres suffisent à exposer l'incohérence d'un tel "projet."

Population : 3 842 habitants

Superficie : 222,30 km2

Densité 17 hab./km2.

À rapprocher de Cahors 64,72 km2 et ses 19 991 habitants (309 hab./km2)

Le grand Montcuq selon le coordinateur : presque quatre fois plus grand que Cahors mais même pas un cinquième de sa population.

Un espace ingérable où se créeraient d'inévitables "poches oubliées". Mais l'incohérence ne fut jamais un frein quand le dogmatisme et le besoin de manier de gros chiffres prévalent.

Début mai 2015, un article de M. Jean-Claude Bonnemère, dans *la Vie Quercynoise* a lancé la première pierre de cet édifice, prétendant « *Sur les seize communes que comptait l'ancien canton de Montcuq, quatre seraient déjà partantes pour créer une Commune Nouvelle.* »

Pourquoi une telle ambition ? L'interviewé présente "sa" commune : « *Ses moyens financiers lui permettent seulement d'assurer son fonctionnement.* »

En demande-t-on plus à une commune rurale de 150 habitants ?

Timidement, le journaliste ose une petite restriction, apparaissant plus comme une perche tendue :

« - *La commune conserve un ancrage fort dans l'esprit collectif et auprès des élus ; pensez-vous que cette évolution soit facile à mener à bien?*

- Les discussions que nous avons entre élus montrent que la plupart d'entre nous ont conscience des réalités économiques qui

s'imposent à nos modes de gestion. Certes, il y a des réticences, mais elles viennent surtout de la part des élus les plus anciens.

- Selon votre raisonnement, la Commune Nouvelle apparaît comme une opportunité à saisir, particulièrement en milieu rural. Pourquoi?

- Oui, il s'agit d'une opportunité pour toutes les communes qui veulent aller de l'avant, avec l'intention de bâtir ensemble un projet de développement, qui ne serait pas envisageable, si chacune restait isolée dans son coin. »

Que signifie « aller de l'avant » pour ce maire ?

Naturellement, des mots vides ponctuent un questionnement réel : « *Quel est le principal avantage que vous attendez d'une telle démarche ?* » Ce fut un providentiel : « *Gagner en dynamisme et efficacité économique ! Grâce à la Commune Nouvelle, nous pouvons développer une vision structurante de l'organisation territoriale. Ceci est d'autant plus important pour l'avenir, que la communauté de communes n'est pas en mesure d'apporter l'élan attendu à ce niveau. »*

Monsieur Patrice Caumon aurait voulu un grand Montcuq à seize, il semble déjà jubiler du "Montcuq en Quercy Blanc" à cinq.

Un livre peut être utile...
Cadeau du maire de Montcuq en 2012
à Nicolas Stoufflet du jeu des 1000 euros...
qui ne semble pas enchanté
(il aurait préféré du foie gras ?)

Une OPA...

Quand un mastodonte lance une OPA sur un "petit groupe" (qui peut néanmoins comporter des milliers de salariés), il évite, le plus souvent, d'évoquer "la fusion" et déclare ses intentions d'absorption.

Pourtant, quand Montcuq, 1 263 habitants (nous sommes encore habitués à travailler avec les chiffres de 1999) absorbe Sainte-Croix 69, Lebreil 131, Belmontet 141 et Valprionde 152, naturellement il convient de relayer le terme "fusion", et baptiser dans la joie et l'allégresse la "commune nouvelle" du nom indiscutable mais humiliant de "*Montcuq en Quercy Blanc*".

Certes, le territoire des quatre villages, 4601 hectares, dépasse celui de Montcuq à 3 222. Mais le critère, c'est désormais celui du nombre de contribuables. Comme en économie la puissance de feu financière balaye les salariés ou la production. Et Montcuq a gagné la "guerre démographique" alors que dans le monde rural de 1800, au "commencement" de l'histoire Républicaine de nos communes, Belmontet 582 + Sainte-Croix 413 + Valprionde 738 + Lebreil 517 auraient amplement rivalisé avec le Montcuq à 1970 âmes, ne se seraient pas laissés imposer une fusion, et si rapprochement il y avait eu, un nom moins ridicule aurait vraisemblablement jailli des palabres du forum...

Montcuq, c'est ça !

La fusion, tout le monde y est favorable ?

« *Vous attirez l'attention sur les restructurations territoriales à juste titre.*
Comme beaucoup d'autres légitimement indignés serez-vous entendu ?
Permettez-moi d'en douter. Dans ces moments de grande tension budgétaire il suffit de promettre trois sous de dotation (et pour combien de temps ?) en plus à une commune pour qu'elle se laisse séduire par quelques politiciens habiles certes, mais dont la pertinence de la vision de l'avenir reste encore à démontrer. Il suffit de constater l'incohérence des récentes modifications territoriales pour constater que leur unique justification n'est que politicienne: avec moins de voix les socialistes ont augmenté leur nombre d'élus (nous en sommes dans le Lot à 95%), c'est dramatique pour ce qu'il reste de démocratie. (...) On se préoccupe de structures mais pas de création ou au moins de maintien d'activité, parce que l'on croit ici, et à mon humble avis à tort, que seuls "les pouvoirs publics" créent l'activité alors que la lourdeur des structures qu'ils nous infligent la freine.
En deux mots, on croit aux délires mensongers des hommes providentiels et pas aux mesures économiques rationnelles et scientifiques de plus expérimentées avec succès ailleurs.
Merci de vos interventions et bon courage: Ce pays manque de lanceurs d'alerte et de confiance en lui-même. »
Monsieur Michel Roumégoux, notre ancien député.

« *Je partage le même désarroi que vous.*
Nous sommes pris dans une mécanique folle. »
Monsieur Roland Hureaux, candidat à la mairie de Cahors en 2014, créateur du mouvement "*Touchez pas à ma commune*".

« *Effectivement, tout va très vite, trop vite... Fermeture d'écoles communales, volonté de la part de l'éducation nationale de tenter de supprimer des collèges... Et maintenant, au tour de communes rurales qu'il nous faudrait annexer à une commune plus importante.*

Je suis totalement opposé à ce processus qui va dans le sens de la perte totale d'identité de nos territoires ruraux et le grossissement de l'urbain.

Des hommes et des femmes ont sué sang et eau pour rendre attractives leurs communes et des habitants heureux.

Depuis un moment, on ne nous parle que de mutualisation, de dotation, en oubliant l'essentiel : l'humain qui va perdre totalement ses repaires et qui va être mangé à une sauce bien indigeste.

Actuellement, on nous dit que cela se fera à travers le volontariat mais je crains pour la suite.

De nombreuses communes sont opposées à ce processus mais jusqu'à quand ?

Personnellement, je lutterai tant que je pourrais avec mes amis élus.

Voilà Mr TERNOISE quel est mon sentiment. »

Monsieur Marc Gastal, notre conseiller département masculin.

Ces avis auraient mérité d'être connus de nos conseillers municipaux ? Sûrement pas, car si les gens étaient informés, ils pourraient voter... comme ceux de Lascabanes !

Leur dépêche nota : « *Le conseil municipal de Montcuq doit se réunir aujourd'hui, à 20 heures [29 septembre 2015], à la mairie, avec un ordre du jour chargé.*

(...)

la principale délibération concernera la création de la commune nouvelle de « Montcuq en Quercy blanc », qui devrait regrouper autour de Montcuq les communes de Sainte-Croix (vote favorable), Valprionde (vote favorable), Lebreil (vote le 30 septembre) et Belmontet (vote le 2 octobre). À noter que vendredi 25 septembre le conseil municipal de Lascabanes a voté contre l'adhésion à la nouvelle commune à une très large majorité (un seul vote favorable), arguant du fait que les délais étaient trop courts et que le projet manquait encore de maturité. L'étude de faisabilité a également été jugée incomplète. »

Cette "étude de faisabilité", peut-être les électrices et électeurs de Montcuq, Sainte-Croix, Valprionde, Lebreil et Belmontet la jugeraient incomplète... Mais LA CHARTE semble être restée un secret du "club des cinq" le plus longtemps possible, lue dans les Conseils Municipaux mais non communiquée aux administrés.

Il y eut le rêve d'être seize et ils ne sont que cinq.

« *Une Commune Nouvelle en devenir autour de Montcuq* » titrait *La Vie Quercynoise* en avril 2015 :

« *Patrice Caumon, maire de Valprionde jouant le rôle de coordinateur, nous explique le sens de cette démarche, à ses yeux inéluctable, tel un avenir tout tracé.* »

Il déroulait : « *Quatre communes sont déjà partantes pour aller en ce sens. Il faudrait doubler la mise pour atteindre un niveau conséquent. Et pourquoi pas rallier à cette cause l'ensemble des communes de l'ancien canton ; en tout cas toutes celles qui se sentent tournées vers Montcuq. La Commune Nouvelle atteindrait alors les 4 000 habitants.* »

On ne peut pas lui reprocher d'avoir masqué ses intentions. Dans un territoire d'autruches les renards sont rois :

« *- Qu'adviendra-t-il alors, des communes actuelles ?*

- Elles seront identifiées comme territoire, un peu à la manière d'un quartier de grande ville, avec leurs bureaux de vote, leurs permanences régulières pour les habitants. Dans un premier temps, les communes deviendront communes déléguées jusqu'aux prochaines élections dans cinq ans. »

Ce n'était pas suffisamment clair : de simples quartiers, avec des "bureaux de vote" appelés à être réduits si le nombre d'habitants ne semble pas suffisant, donc la "mairie déléguée" fermée, les manants rattachés ailleurs.

À la question « *Quel pourrait être le nom de cette Commune Nouvelle ?* », il évacuait toute discussion : « « *Montcuq en Quercy Blanc* », *tout simplement.* » Hé oui, tout simplement. Circulez, y'a le petit rapporteur qui tourne en boucle.

Les informations circulent peu. Sur le refus de Saint-Laurent-Lolmie de participer à "Montcuq en grand" : dans *La Vie*

Quercynoise, son maire, Didier Boutard semble résumer la méthode utilisée : « *Pour pouvoir créer une Commune Nouvelle, à mon avis, il faut un équilibre entre communes, afin que le budget et les investissements soient équitablement répartis entre ces dernières, ainsi qu'une relation de confiance, entre élus. Or, cette confiance n'a pas été respectée, pour le projet de Commune Nouvelle de Montcuq, en raison du fait que les élus qui émettaient des doutes, n'ont plus été conviés aux réunions préparant la constitution de cette nouvelle entité.* »

Si Montcuq naturellement était ouvert à l'afflux de contribuables à niquer (vous pouvez rayer et remplacer par pressurer), il fallait à son maire un collègue pour réaliser le sale boulot. Ce fut donc celui de Valprionde, le grand convaincu, dont les ambitions personnelles, malgré ses dénégations, commencent à choquer, surtout quand l'impression d'être roulé dans la farine effleure le cerveau de ses administrés. Lebreil et Belmontet semblent avoir rapidement cédé, adhéré. Quant à Sainte-Croix et sa Madame Sabel, auréolée de son poste de suppléante de la veuve de Daniel Maury au conseil départemental, il fut nécessaire, semble-t-il, pour convaincre son conseil municipal, de lui promettre le poste de maire de la coquille vide jusqu'en 2020 "Montcuq en Quercy Blanc". Nous lui souhaitons de se prendre dans les dents « *les promesses n'engagent que ceux qui les écoutent...* » (ils inaugureront une rue Charles Pasqua ou Henri Queuille ?)

Ils y sont favorables... vraiment ?

Les conseils municipaux de la mort des villages...

Il fallut s'en référer à *La vie Quercynoise* du 7 octobre 2015, car l'absence sur les panneaux d'affichage de compte rendu du conseil municipal ayant approuvé la fusion, fut la règle ! *« vote favorable des conseils municipaux de Montcuq (l'unanimité), de Ste-Croix (l'unanimité), de Valprionde (9 pour et 1 abstention), de Belmontet (6 pour et 3 abstentions) et de Lebreil (7 pour, 1 contre et 3 abstentions) au projet de Commune Nouvelle « Montcuq-en-Quercy Blanc », qui verra le jour le 1er janvier 2016, après arrêté préfectoral. »*

Ce qui n'était pas la stricte réalité. Montcuq, naturellement, s'est enthousiasmé pour le bal des gogos...

L'article de leur dépêche était péremptoire *« Montcuq en Quercy blanc va voir le jour. »* Débutant par *« Le maire de Montcuq Alain Lalabarde a toutes les raisons d'être satisfait. Lors de la réunion de mardi 29 septembre, son conseil municipal a voté à l'unanimité pour la création d'une commune nouvelle, «Montcuq en Quercy blanc», à compter du 1er janvier 2016. Avant le vote, le maire a défendu avec conviction l'élargissement de sa commune aux communes de Valprionde, Sainte-Croix, Lebreil et Belmontet, soit 2 110 habitants (DGF). Certes par sa population, ses services et ses commerces, Montcuq a le beau rôle. Mais selon le maire, il s'agit «de s'unir pour être plus forts, de mutualiser les moyens et les services, et de permettre aux petites communes de survivre, de mener à terme leurs projets, et de définir leur propre avenir.» »*

Quelle condescendance dans ce *« permettre aux petites communes de survivre »* d'un homme n'ayant même pas le courage (disons) de se présenter devant les villageois. Le quotidien n'a pas fouillé dans les documents, se contentant d'un consensuel : *« La fiscalité et les taux, différents selon les communes, seront lissés «en douceur» sur douze ans. La totalité des indemnités des élus des cinq communes passera de 86 000 € actuellement à 60 000 € dans le futur organigramme, ce qui dégage une économie permettant de financer une embauche.* » Une embauche quand il s'agissait d'économiser ! Il pense à un ami ? Une amie ?

Dans leur Dépêche il y eut pourtant Patrice Caumon : « *Sauver et dynamiser notre territoire* » avec un magnifique « *Au fur et à mesure des départs des fonctionnaires territoriaux nous optimiserons les ressources de la nouvelle organisation.* »

Il fallait donc comprendre : au fur et à mesure des économies et bonifications, nous dilapiderons ?...

Sur l'avenir, il convient de savoir « *Après 2020, tout change. Le nouveau conseil sera élu selon le traditionnel scrutin de listes, avec un seul maire et 19 adjoints et conseillers qui siégeront, la difficulté étant d'assurer une bonne représentativité de toutes les communes. Une mairie annexe dans chaque ancienne commune conservera les fonctions d'état civil.* »

Le coordinateur du projet avance le chiffre de 23. « *Un seul maire et 19 adjoints et conseillers* » semble signifier 20 élus.

Quant au compte rendu de « transitioncitoyennequercyblanc.org », qui semble provenir d'élus de la liste conduite en 2014 par Charles Farreny, il affirmera « *La nouvelle commune entrera en vigueur en 2020, son CM sera élu a la proportionnelle et comprendra 19 membres.* »

Et pour finir « *Une réunion publique d'information va avoir lieu.* » Donc après le vote plébiscite de son Conseil Municipal, monsieur le maire présentera le dossier à ses administrés, auxquels pourrait être reprochée la tiédeur dans les acclamations pour le bon tour joué aux manants.

Sainte-Croix

Conseil Municipal
Compte rendu de réunion du 10 septembre 2015.

Présents : Madame le maire : SABEL Marie-José
1er adjoint : RENOUX Martine
2eme adjoint : BECQUART Alain
Conseillers : SAVAGE Edward, TAMLYN Diana, LACOMBE Pauline, LAGARD Ludovic.
Secrétaire : RENOUX Martine

« 1°) COMMUNE NOUVELLE

Les communes de Montcuq, Valprionde, Belmontet et Lebreil envisagent de se regrouper pour former une commune nouvelle « Montcuq en Quercy Blanc ».

Le territoire de la commune de Sainte-Croix se retrouve enclavé dans cette nouvelle commune et de ce fait, Sainte-Croix a été sollicitée pour adhérer à cette nouvelle commune.

Le conseil municipal n'était pas favorable à cette adhésion mais Madame la Préfète a décidé d'inclure d'office notre commune à cette nouvelle commune.

Au vue de cette décision, Madame le Maire propose au conseil municipal de rejoindre la commune nouvelle afin de participer aux études et de faire valoir ses droits.

Madame le Maire lit au conseil municipal la Charte de la commune nouvelle et donne des explications concernant la fiscalité et la gouvernance. Elle propose au conseil municipal de s'exprimer par un vote secret ou de se donner un temps de réflexion. Le conseil municipal décide de se prononcer le jour même et à main levée. Le conseil municipal part 6 voix pour et 1 abstention se déclare favorable à l'adhésion à la commune nouvelle. La délibération sera prise ultérieure. »

Les conditions de cet accord, ce ralliement, ce reniement, méritaient une communication. Plusieurs sites furent mis à contribution, sans susciter de réactions ni de mouvements parmi la population.

En réunion publique le 18 septembre 2015, M. le maire de Valprionde avait présenté le vote de ses voisins bien autrement : madame le maire de Sainte-Croix aurait souhaité et obtenu un vote favorable avant son départ en vacances. Cette assertion peut avoir influencé ses conseillers municipaux...

Lebreil

Par mail du 16 octobre 2015 à 15h39 :

« Monsieur le maire de Lebreil,

Je n'ai pas pu consulter en affichage public le compte-rendu de votre conseil municipal du 30 septembre 2015

Dans le cadre du livre sur la création de la commune nouvelle de "Montcuq en Quercy Blanc", ce document me semble important. Il serait dommage que figurent dans ce bouquin uniquement ce mail, quelques photos de Lebreil et la fin de vie de notre abbé Solacroup de Lavaissière, prieur d'Escamps...

Merci de bien vouloir me l'envoyer par mail.

Veuillez agréer, monsieur Bernard ROUX, mes respectueuses salutations,

Stéphane Ternoise »

Réponse du 17 octobre à 13h14 :

« Monsieur bonjour,

Veuillez trouver ci-joint le compte rendu de la réunion du 30 septembre 2015 pour la commune de LEBREIL.
Bonne réception.
Cordialement

Le Maire
B. ROUX »

Par mail du 17 octobre 2015 à 13h49 :

« Je vous remercie, monsieur le maire,

Je note avec un certain sourire, le croisement de l'histoire...

Ainsi le domaine de Garrigou figure au même conseil municipal que la disparition de Lebreil...

C'est chez sa sœur, au domaine de Garrigou, où leur frère Jean-Baptiste, chanoine de Montpezat exilé en Espagne, les rejoint, que notre figure oubliée de la Révolution française, l'abbé Solacroup de Lavaissière, prieur d'Escamps, s'éteignit le 27 octobre 1811.

Il fut inhumé le lendemain dans le cimetière de l'église de Lebreil, au pied de la Croix paroissiale.

Je n'en ai trouvé aucune trace. Mes prédécesseurs dans ce dossier avaient également constaté l'absence de témoignage sur cette vie. Nous passons...

Veuillez agréer, monsieur Bernard ROUX, mes respectueuses salutations,

Stéphane Ternoise »

Compte rendu de réunion du conseil municipal du 30 septembre 2015

« *Présents : 11*

M. ROUX Bernard, Maire, M. GARDES Gérard, 1er Adjoint, Mme ROUMIGUIE Colette, 2eme Adjoint, Mmes BATAILLE Nadine, BALBUSQUIER Agnès, MARTIN-CASPARI Marie-Claude, LOUBATIERES Georgette, Ms ROUSSEL Olivier, GUINOT Gérard, THOMAS Christian, FOISSAC Michel, Conseillers Municipaux.

Secrétaire de séance : Mme BATAILLE Nadine

1°) ANCIEN BATIMENT COMMUNAL :

Monsieur le Maire propose de réhabiliter l'ancienne Mairie : (la salle communale et les deux logements) dans le bourg.
En effet, ce bâtiment est vétuste inaccessible et mal isolé.
Ce projet était une priorité pour la durée du mandat (2014-2020).
Monsieur le Maire propose de faire appel au Conseil Général (Syndicat Départemental d'Aménagement et d'Ingénierie du Lot) pour faire une étude de faisabilité.
A la majorité le Conseil Municipal est d'accord pour faire avancer ce dossier.

2°) BATIMENT AGRICOLE AU LIEU-DIT « GARRIGOU » :

Suite à l'achat de la propriété de Monsieur GLINEL, au lieu-dit « Garrigou », nous avons récupéré un bâtiment agricole d'environ 50 m2.

Avec quelques travaux d'aménagement, nous pourrions y réaliser un atelier communal, la commune n'ayant pas de local, et cela nous permettrait d'entreposer également notre matériel, ainsi que toutes les tables et bancs du comité des fêtes.

Le conseil municipal est d'accord pour réaliser ces travaux. Un certificat d'urbanisme va être déposé, puis un permis de construire et des devis seront demandés.

3°) COMMUNE NOUVELLE

Après la réunion publique du 23 septembre 2015, il nous fallait prendre la décision de savoir si la commune de LEBREIL adhérerait à la Commune nouvelle.

Le vote a eu lieu à bulletins secrets :

Résultat :
7 pour
1 contre
3 nuls

4°) C.C.A.S. :

Monsieur SCHNAKENBOURG nous avait fait savoir que si nous adhérions à la Commune nouvelle, nous devions supprimer notre C.C.A.S qui était en sommeil depuis de nombreuses années et donc prendre une délibération.

Donc suite au vote en faveur de la Nouvelle commune, le Conseil Municipal a voté à l'unanimité pour la dissolution du C.C.A.S et donne tout pouvoir à Monsieur le Maire pour accomplir cette formalité.

Fin de la réunion à 23 H. »

On ressent un très grand fatalisme à la lecture de ce document. Le bateau coule...

Monsieur le Maire a sûrement retenu : les projets lancés par les "anciennes communes" seront poursuivis...

Il en profite pour placer la réhabilitation de l'ancienne Mairie. On ne peut que l'en féliciter ? Le bateau coule, on essaye de s'enfuir en sauvant quelques biens...

Car il s'agira pour les "petites communes déléguées" de trouver des arguments pour piquer un peu de fric dans la caisse de Montcuq (en Quercy Blanc), où le désendettement de Montcuq (sans Quercy Blanc) sur le dos des conquis semble la plus grande ambition...

On remarque l'absence de délibération sur le nom de la « commune nouvelle. » L'absence de délibération sur la charte et les taxes...

Belmontet

Par mail du 16 octobre 2015 à 15h35 :

« Sujet: Demande compte rendu conseil municipal

Monsieur le maire de Belmontet,

Bien que le délai légal de huitaine soit expiré, je n'ai pas pu consulter en affichage public, le 13 octobre 2015, le compte rendu de votre conseil municipal du 2 octobre 2015.

Dans le cadre du livre sur la création de la commune nouvelle de "Montcuq en Quercy Blanc", ce document me semble important. Il serait dommage que figurent dans ce modeste bouquin uniquement ce mail et quelques photos de Belmontet.

Merci de bien vouloir me l'envoyer par mail.

Veuillez agréer, monsieur Guy VIDAL, mes respectueuses salutations,

Stéphane Ternoise »

Par mail du 20 octobre 2015 à 9h49 à l'adresse publique de la préfecture du Lot :

« Objet : Service collectivités locales - Demande compte rendu conseil municipal Belmontet (46800)

Madame, monsieur,

Dans le cadre de l'étude sur la création de la commune nouvelle de "Montcuq en Quercy Blanc", je suis passé le 13 octobre 2015 à la mairie de Belmontet (46800), pour consulter le compte rendu du conseil municipal du 2 octobre 2015.

Bien que le délai légal de huitaine soit expiré, il ne se trouvait pas à l'affichage public.

Le 16 octobre, j'ai écrit à Monsieur le maire de Belmontet (mail ci-dessous), pour lui demander de bien vouloir me l'envoyer.

Faute de réponse,

Je m'adresse à vous, pour vous signaler ce "peut-être manquement aux obligations d'affichages"; et vous demander s'il vous est possible de m'envoyer ce compte rendu.

Veuillez agréer, Madame, monsieur, mes respectueuses salutations,

Stéphane Ternoise »

Une brève le 21 octobre 2015 sur le site montcuq.info :

« Alors que "selon les médias" Belmontet a voté favorablement le 2 octobre 2015 pour devenir "un satellite" de Montcuq.
Ce 21 octobre le compte rendu du conseil municipal du 2 octobre 2015 est toujours absent de l'affichage public.

Cet affichage public présente une convocation du Conseil Municipal, signée du 13 octobre 2015 par Le Maire Guy Vidal :

J'ai l'honneur de vous inviter à participer à la réunion du Conseil Municipal qui aura lieu
Le Mercredi 21 octobre 2015 à 21 heures 15
Salle de la mairie

28

Ordre du jour :

- Délibérations
Approbation Statuts Communauté de communes du Quercy Blanc ;
Fonds de concours travaux assainissement ;
Fonds de concours éclairage public
Attributions des marchés aménagement du bourg

- Questions divers »

Le compte rendu du conseil municipal du 2 octobre 2015 a été demandé à la mairie et à la préfecture. Sans résultat. Il n'est donc pas possible d'analyser un document invisible. Pour la "position 2" ? Le dossier à charge étant suffisamment lourd pour justifier au moins une étude complémentaire de la préfecture, cette absence apporte simplement un éclairage sur les procédures d'affichage public... Trop tard ?!

23 octobre 2015, à 15h27, une réponse de la préfecture du Lot :

« Monsieur,

Votre courriel du 20 octobre 2015 a bien été réceptionné à la Préfecture du Lot, par le bureau des collectivités, du développement local et des élections.

Je vous informe que votre demande a été prise en compte et qu'elle est actuellement soumise à étude.

Je ne manquerai pas de vous tenir informé dans les meilleurs délais de la suite qui lui sera donnée.

Veuillez agréer, Monsieur, l'assurance de ma considération distinguée. »

L'émettrice sous @lot.gouv.fr envoyait également ce message à trois autres mails sous @lot.gouv.fr en CC

Le soir, à 19h54, je répondais naturellement à l'ensemble :

« Madame,
Messieurs,

Je vous précise être de nouveau passé ce midi (23 octobre) à la mairie de Belmontet. Le compte rendu du conseil municipal du 2 octobre 2015 ne figurait toujours pas en affichage public.

Le document le plus récent étant : une convocation du Conseil Municipal, signée du 13 octobre 2015 par Le Maire monsieur Guy Vidal, pour le Mercredi 21 octobre 2015 à 21 heures 15.

Veuillez agréer, Madame, messieurs, mes respectueuses salutations,

Stéphane Ternoise »

Montcuq

Par mail du 15 octobre 2015 à 10h04 :

« Monsieur le maire de Montcuq,

J'ai lu avec attention les 3 pages du Compte rendu de votre Conseil municipal du 29 septembre 2015.

- N'ayant pas trouvé de réponse au sujet des vitraux de l'église St Hilaire (elle figure peut-être dans l'annexe 1 non affichée).

Créateur de "La route lotoise G.P Dagrant" présentée dans le livre éponyme dont la sortie vous a été communiquée et n'ayant pas eu l'heur de vous intéresser (http://www.vitraux.info) j'avais naturellement publié des photos des vitraux de cette église.

J'ai pu constater la rapide détérioration de ces vitraux de Dagrant, ceux de Gesta ont également subi des dommages.

Il m'a été impossible d'en trouver l'origine. Certains évoquent des cailloux d'enfants lors de cette comédie de la distraction qu'est le "festival" de la "rue des enfants". Mais il ne m'est naturellement pas possible de relayer ces rumeurs.

Avant de questionner l'évêché je m'adresse naturellement à vous.

- Le plébiscite de la Commune Nouvelle.

J'ai bien noté "Voir charte en annexe 2 et taux fiscaux en annexe 3". Mais ces annexes ne figurent pas sur le panneau d'affichage.

Merci de bien vouloir me les envoyer par mail.

Vous remerciant, monsieur le Maire,

Amitiés

Stéphane Ternoise

Deux réponses :
- Ce reçu vérifie que le message s'est affiché sur l'ordinateur du destinataire à 15/10/2015 11:25
- Ce reçu vérifie que le message s'est affiché sur l'ordinateur du destinataire à 15/10/2015 10:16

Mais aucun mot... à ce jour.
Le 17 octobre l'ensemble des documents figurait sur http://www.montcuq.fr

Compte rendu du Conseil municipal de 29 septembre 2015

La date de convocation du Conseil Municipal : le 22/09/2015. Il semble donc qu'il y ait eu une erreur sur la convocation officielle où figurait "affiché le 29 juin 2015".

« Présents : M. LALABARDE Alain, Maire, Mme ROQUES Florence, M. LAPORTE André, Adjoints, M. PIOLOT André, Mmes WILLIAMS Rosamund, MONTAGNAC Martine, RECHE Ariane, MM. ARNAL Jérôme, MEYNEN Olivier, Mme DEMON Valérie, MM.DOCHE Patrick et Mme GARRALON Emmanuelle.

Absents excusés : Mme CAZARD Séverine qui a donné pouvoir à Mme M. PIOLOT André, M. MARTY José qui a donné pouvoir à M. LALABARDE Alain, Mme LAFAGE Edith qui a donné pouvoir à M.DOCHE Patrick.

Secrétaire : Mme MONTAGNAC Martine. »

M le Maire a d'abord demandé une minute de silence, non pour l'âme des villages conquis, mais en hommage à Charles FARRENY, Conseiller Municipal, décédé le 31 août.
Son remplacement par Mme GARRALON Emmanuelle fut ensuite acté.

En point 4, une intéressante communication :

Après avoir rappelé l'adhésion de la ville de Montcuq à la "fédération française des stations vertes de vacances et des villages de neige", les 824 euros payés de cotisation en 2014 « *et le manque d'actions menées par cet organisme.* »
Le Conseil Municipal décide de résilier l'appartenance de la ville à ce réseau.

« Point 7 : CREATION D'UNE COMMUNE NOUVELLE :

Le Conseil Municipal, après en avoir délibéré, à l'unanimité :

* DECIDE la création d'une Commune nouvelle, par regroupement des communes de BELMONTET, LEBREIL, MONTCUQ, SAINTE-CROIX et VALPRIONDE pour une population totale (DGF) de 2110 habitants. Elle sera effective au 1er janvier 2016 ;

* DECIDE que cette Commune nouvelle sera dénommée "Montcuq en Quercy-Blanc", avec pour Chef-lieu MONTCUQ.

* DECIDE que le siège social de la nouvelle commune sera situé à MONTCUQ - Mairie, 1 Place des Consuls - 46800 MONTCUQ,

* DECIDE que chaque commune "historique" deviendra commune déléguée, comme la Loi le permet, représentée par son Maire délégué.

* DECIDE que, comme la Loi le permet, le Conseil municipal de la Commune nouvelle sera formé, durant la période dite transitoire, courant jusqu'en 2020, de la somme de l'ensemble des Conseillers municipaux actuels des communes historiques, élus lors du scrutin de mars 2014 ;

* DECIDE que chaque commune historique conservera sa mairie

annexe dans laquelle seront établis les actes de l'Etat-Civil concernant les habitants de la commune déléguée.

* DECIDE que les projets lancés par les anciennes communes déléguées seront poursuivis jusqu'à leur aboutissement ;

* APPROUVE la charte réglant et détaillant les conditions d'organisation, de fonctionnement, et l'ensemble des conditions de vie commune ;

* DIT que cette charte aura valeur d'engagement moral pour les élus de la Commune nouvelle ;

* DECIDE que les taux de fiscalité (T.H, T.F.B, T.F.N.B, C.F.E) seront lissés sur une durée de 12 ans selon le tableau annexé.

* DIT qu'attache sera prise dans les jours à venir auprès de Madame La Préfète, par les cinq maires concernés, afin de lui demander d'acter par arrêté la création de la Commune nouvelle "Montcuq en Quercy-Blanc".

Voir charte en annexe 2 et taux fiscaux en annexe 3.

Monsieur le Maire, très satisfait de ce vote à l'unanimité, remercie vivement les membres du Conseil Municipal de leur confiance. Une page importante se tourne pour la commune de MONTCUQ.

N'ayant pas de questions diverses et les sujets à l'ordre du jour étant épuisés, Monsieur le Maire lève la séance publique. »

Et tous de trinquer à la santé des conquis ? Aucune confidence ne permet de l'affirmer. Mais les deux listes se sont retrouvées : Montcuq était fendu en deux, il est de nouveau uni.

La charte ? Ce n'est qu'un engagement moral !
Jusqu'en 2020 ! Ensuite, vous pouvez vous torcher avec, les élus...
Quant aux taux de fiscalité (T.H, T.F.B, T.F.N.B, C.F.E) prévus lissés sur une durée de 12 ans, il suffira d'une décision du nouveau conseil municipal à 57 puis 19 ou 23, pour les modifier...

transitioncitoyennequercyblanc.org note :

« *M. le Maire expose le nouveau projet avec enthousiasme, relayé par A. Piolot qui présente un bref historique de l'évolution des communes en France depuis 1971, date de la première réforme.*

Les dotations de l'Etat diminueront de 30% d'ici à 2020 ; les petites communes sont appelées à se regrouper en communes d'au moins 2000 habitants qui pourront ainsi mutualiser leurs moyens humains et techniques, ainsi que leurs patrimoines et de mener des projets en commun ; la gouvernance et les fiscalités seront harmonisées.

Le territoire agrandi de la nouvelle commune comprendra 5 communes : Le Breil, Valprionde, Belmontet, Ste Croix et Montcuq et s'appellera Montcuq en Quercy blanc ; la population sera de 2 110 habitants. Le chef-lieu de la nouvelle commune sera Montcuq qui s'appellera Montcuq en Quercy blanc ; les communes associées deviendront des communs délégués, représentés par leurs maires délégués qui seront également adjoints délégués de droit chargés d'une seule compétence; le nouveau CM passera à 57 membres qui éliront 2 ou 3 autres adjoints (en plus des maires délégués) ; le quorum de ce CM sera de 29. Dans chaque commune, les CM continueront à traiter les affaires courantes [ce qui est faux... mais ils se relisent !] *et les maires seront chargés de partager les informations avec la nouvelle commune. Les projets en cours dans chaque commune seront poursuivis jusqu'à leur terme. D'autres communes pourront rejoindre ce projet d'ici à 2020, s'ils ont fait connaitre leurs intentions avant le 31.12.2015, faute de quoi elles perdront 10% de la dotation de l'Etat. La nouvelle commune entrera en vigueur en 2020, son CM sera élu a la proportionnelle et comprendra 19 membres.* »

On peut sourire de ce « *la population sera de 2 110 habitants.* » Faux électeurs, faux habitants ? Pourquoi ne pas annoncer une France a cent millions d'habitants (pour obtenir plus de subventions européennes) ?

Autres "confidences" : « *Le Maire précise, qu'à l'avenir, la nouvelle commune pourrait avoir le choix de la communauté des* communes à laquelle elle voudrait appartenir dans la limite des territoires limitrophes, même si ces territoires sont à cheval sur 2 départements. » Se vendre à la communauté offrant le plus de vice-présidences ?

Mais aussi : « L'Etat s'engage à donner la priorité aux nouvelles communes dans les investissements et l'attribution des subventions. » Ce qui semble une prétention exagéré... La loi s'est engagée sur la "dotation d'état"... durant trois ans.

Le maire note bien « une population totale (DGF) de 2110 habitants », un collectif ayant au moins une conseillère présente colporte « la population sera de 2 110 habitants » et gratifie les conquis de « communs délégués. » Comme c'est déjà mignon, en 2015. Comme certains prétendent nécessaire trois générations de naissance sur ces terres pour obtenir une accréditation à la table du pouvoir, il faudra bien cela dans la logique actuelle pour évacuer la condescendance des montcuqueux.

Personne, parmi ces élus de Montcuq, pour réagir en citoyens concernés par le drame en perspective des villages conquis. Ont-ils pensé : s'ils ne sont même pas capables d'arrêter la course folle de leur maire dans le mur, qu'ils s'agenouillent.

Qu'ont pensé ces élus en votant ?

Valprionde

Au pays des conquis, « le maire convaincu » a parfaitement réussi son compte rendu de réunion publique. Même si des affirmations sont contestables et le délai d'affichage un peu long...

« Réunion Publique

Le Conseil Municipal vous invite à une réunion Publique le Vendredi 18 septembre 2015 à 20 heures 30, salle communale de Valprionde

Nous comptons sur votre présence. »

De : Mairie de Valprionde - Moulin Bessou - 46800 Valprionde

Quand vous recevez ainsi une simple feuille blanche au format

A4... vous pouvez vous imaginer qu'il s'agit pour le maire de présenter... le plan de la plantation du figuier annuel... Mais non, la mairie de Valprionde n'a pas de verger municipal... Donc, si ce n'est pas pour planter un figuier ? La création d'un verger municipal ?... Oui, ce serait un beau projet...

Quel sera le thème de cette réunion se sont demandés les administrés ? Quelqu'un suggéra : comment faire croire aux couillons qu'une fusion avec Montcuq constituerait une bonne chose.

Et ce fut presque ainsi ! Monsieur le maire avait sûrement prévu un débat moins corsé car "la charte" devant régir la "commune nouvelle" de Montcuq en Quercy Blanc au 1er janvier 2016, jusqu'aux élections de 2020, elle fut, cette "charte", l'arlésienne de la soirée. Monsieur Patrice Caumon en était persuadé : Valprionde doit fusionner avec ses voisins. Il a défendu son projet. Avec force, et vigueur. Mais un argument majeur peu attractif : on ne peut pas faire autrement ! Et une ambition : doubler les subventions aux associations. Et il a rassuré ses contribuables : seulement 28% de hausse en 12 ans de la taxe d'habitation. Coordinateur de cette "union", il a prétendu ne pas viser la mairie nouvelle... Ce qui fit penser, dans l'assistance, à monsieur Edouard Balladur entrant à Matignon en 1993 après avoir conceptualisé la nécessité pour le Premier ministre de cohabitation de ne pas se présenter aux présidentielles de 1995... Où tout le monde se souvient naturellement de sa déconvenue... Une deuxième réunion semblait donc indispensable...
Les villageois repartaient perplexes, se demandant si l'on peut, décemment, au 1er janvier 2016, se retrouver avec un "super maire" non seulement non élu(e) mais en plus jamais vu(e) dans "notre commune" (par les simples citoyens) ? Madame Marie-José SABEL semble tenir la corde, comme on le chante à Montcuq... "les années sans coupe du monde"... L'ancien de chez Vivendi confiait : le "club des cinq" a décidé de qui arborera la plus grosse écharpe... Les conseillers municipaux seront priés d'acter, de manière de nouveau très démocratique...

Et soudain, le village apprenait la nouvelle : son Conseil Municipal avait voté OUI le 25 septembre... Ils l'ont fait ces... (de nombreux termes furent entendus mais la décence brassenienne m'interdit de les reprendre ici) Et il fallut attendre plus de "la huitaine" pour lire un compte rendu...

« *Le 25 septembre 2015.*

Présents : M. CAUMON Patrice, M. DHENNIN Pierre, M. FERRÉ Gérard, Mme GARNERONE Anne-Marie, Mme LAINE Danièle, M. LYE Pierr-Yves, Mme SAURAT Anna, M ROUILLON Jeremy, Mme VARENNES Nathalie.

Absents excusés : Mme FAURÉ Eliane qui a donné pouvoir à Mme GARNERONE Anne-Marie ; Mme SENSI Claudine.

Secrétaire : Mme GARNERONE Anne-Marie.

Objet : création d'une commune nouvelle.

VU le Code Général des Collectivités Territoriales et ses articles L.2113 et suivants ;

VU la Loi du 16 décembre 2010 portant réforme des collectivités territoriales modifiée et notamment les articles 21 et suivants relatifs à la Commune nouvelle ;

VU la Loi N°2015-292 du 16 mars 2015 relative à « l'amélioration du régime des communes nouvelles » :

CONSIDERANT les réunions des Maires volontaires qui ont réfléchi ensemble à un avenir commun ;

CONSIDERANT les trois ateliers de travail (harmonisation fiscale, organisation des services, gouvernance) associant les conseillers municipaux volontaires ;

CONSIDERANT l'accueil favorable pour ce projet de Commune nouvelle, constaté au sein de la population ; »

Oui, il est bien écrit : « *accueil favorable pour ce projet de Commune nouvelle, constaté au sein de la population.* »
Je conteste.

Retour au compte rendu :

« *CONSIDERANT l'identité forte et commune qui rassemble ces cinq communes animées d'une volonté de partage et de développement conjoint* »

Oui, les mots ont un sens : « *l'identité forte et commune qui rassemble ces cinq communes.* » Patrice Caumon, dans son interview du 7 octobre 2015 à La *Vie Quercynoise*, ironise pourtant sur l'identité des communes...

« *Une volonté de partage et de développement conjoint.* » le même dans le même numéro : « *Aussi, avec cette constitution de Commune Nouvelle, 70% de la dette sera apurée, en 2020.* »

Partage : donner les biens des villages à Montcuq pour assurer son désendettement ?

Retour au compte rendu :

« *CONSIDERANT les bonifications financières octroyées à la commune nouvelle, ses premières simulations et l'attrait qu'elles constituent ;*

CONSIDERANT que cette union permettra à notre territoire de s'affirmer plus fortement au sein des institutions départementales, fier de son identité rurale et volontaire de maîtriser lui-même les évolutions qui pourraient un jour le toucher ; »

La phrase creuse et vide, comme un grand groupe pourrait en pondre à longueur d'OPA.

Retour au compte rendu :

« *Le Conseil Municipal, après en avoir délibéré, à l'unanimité :*

* *DECIDE la création d'une Commune nouvelle, par regroupement des communes de BELMONTET, LEBREIL, MONTCUQ, SAINTE-CROIX et VALPRIONDE pour une population totale (DGF) de 2110 habitants. Elle sera effective au 1er janvier 2016 ;*

* *DECIDE que cette Commune nouvelle sera dénommée "Montcuq en Quercy-Blanc", avec pour Chef-lieu MONTCUQ.*

* DECIDE que le siège social de la nouvelle commune sera situé à MONTCUQ - Mairie, 1 Place des Consuls - 46800 MONTCUQ,
* DECIDE que chaque commune "historique" deviendra commune déléguée, comme la Loi le permet, représentée par son Maire délégué.

* DECIDE que, comme la Loi le permet, le Conseil municipal de la Commune nouvelle sera formé, durant la période dite transitoire, courant jusqu'en 2020, de la somme de l'ensemble des Conseillers municipaux actuels des communes historiques, élus lors du scrutin de mars 2014 ;

* DECIDE que chaque commune historique conservera sa mairie annexe dans laquelle seront établis les actes de l'Etat-Civil concernant les habitants de la commune déléguée.

* DECIDE que les projets lancés par les anciennes communes déléguées seront poursuivis jusqu'à leur aboutissement ;

* APPROUVE la charte réglant et détaillant les conditions d'organisation, de fonctionnement, et l'ensemble des conditions de vie commune ;

* DIT que cette charte aura valeur d'engagement moral pour les élus de la Commune nouvelle ;

* DECIDE que les taux de fiscalité (T.H, T.F.B, T.F.N.B, C.F.E) seront lissés sur une durée de 12 ans selon le tableau annexé.

* DIT qu'attache sera prise dans les jours à venir auprès de Madame La Préfète, par les cinq maires concernés, afin de lui demander d'acter par arrêté la création de la Commune nouvelle "Montcuq en Quercy-Blanc". »

Monsieur le maire aurait-il repris le compte rendu de Montcuq pour le faire passer à Valprionde ? Car cette petite phrase, « *Le Conseil Municipal, après en avoir délibéré, à l'unanimité :* », nous l'avons déjà lue... Et elle ne fonctionne pas avec le résumé local en bas à gauche :

« Vote :
- Pour 9
- Contre 0
- Abstention 1 »

Ce n'est pas l'unanimité. Même pas l'unanimité des présents. Mais certes l'unanimité des exprimés.

Il ne faut pas pinailler ? Si madame la préfète s'arrêtait à de telles considérations, rien n'avancerait dans ce pays ! Et nous sommes pressés !... Du mouvement, toujours du mouvement, faute d'audace, faute de justice, faute de démocratie, pour garder la place...

Ce compte rendu ajoutant quelques VUS par rapport à celui de Montcuq, met surtout en exergue la légèreté de ceux de Lebreil, Sainte-Croix et sûrement, peut-être Belmontet. Où sont leurs *CONSIDERANTS, APPROUVES, DITS, DECIDES* ? Peut-on imaginer qu'il s'agit d'une « petite révolte » face au ressenti de "fusion imposée" ? Avec conscience que le tribunal administratif annulerait l'arrêté préfectoral s'il était saisi ?

Peut-on inviter les citoyens à contester la validité de l'adhésion de ces communes à Montcuq-en-Quercy-Blanc ? Oui !

La Vie Quercynoise et leur *dépêche du Midi* permettent de glaner quelques informations mais se contentent le plus souvent de donner la parole aux élus ou résumer le conseil municipal de Montcuq. Montcuq avec transitioncitoyennequercyblanc.org et Valprionde avec valprionde.com bénéficient d'une autre parole. Pour les autres, même en fouillant dans les blogs, l'expression citoyenne manque.

> Il n'y eut aucun rebondissement.
> Mais il me fallut rédiger tout en suivant l'actualité, avec des "personnages" plutôt réticents à partager l'information. Quelques échanges furent précieux.

> Le recul fut impossible. Ai-je raté des éléments essentiels ? Les réactions le diront. Voir position 2, peut-être.

Un banc de Montcuq.

Ste Croix ou Lebreil ? Parfois en marchant, on se le demande.

La charte...

Vers le XIIe siècle, les « usages et coutumes » furent rédigés dans les villes, à la demande des consuls et seigneurs. C'était du genre « *les seigneurs s'engagent à être bons et loyaux envers les habitants et ces derniers promettent d'être bons et vrais sujets, en toutes choses honnêtes et raisonnables.* »

Soyons de bons sujets pour nos seigneurs, nos maîtres, eh nos maires. Ah la sujétion... Tous place des Consuls !

Naturellement, la charte de Montcuq ne pouvait pas être débattue par des ingénus. Elle fut l'œuvre du désormais célèbre « club des cinq. » Le peuple n'aurait-il pas dû au moins la consulter avant pour permettre l'affirmation « *l'accueil favorable pour ce projet de Commune nouvelle, constaté au sein de la population* » (certes, uniquement Valprionde ose cette phrase, les autres ne s'aventurent pas sur l'opinion d'une populace tenue à l'écart) ?

CHARTE COMMUNE NOUVELLE

MONTCUQ EN QUERCY-BLANC

PRINCIPES FONDATEURS

« Les Communes de BELMONTET, LEBREIL, MONTCUQ, SAINTE-CROIX et VALPRIONDE ont réfléchi ensemble à un avenir commun. Elles partagent un historique et appartiennent à un même bassin de vie.

Dans un souci de mutualiser les services indispensables à l'épanouissement des habitants, de pérenniser les 5 communes fondatrices, tout en ayant la volonté d'offrir à chacun la même qualité de services, les élus ont décidé la création d'une commune nouvelle regroupant leurs 5 communes.

Cette charte a pour objet de rappeler l'esprit qui anime les élus fondateurs, ainsi que les principes fondamentaux qui doivent s'imposer aux élus en charge de la gouvernance, tant de la commune nouvelle que des communes déléguées.

Les objectifs sont les suivants :

- Permettre l'émergence d'une nouvelle collectivité rurale, plus dynamique, plus attractive, en terme économique, social, culturel, et en capacité de porter des projets, que chaque commune prise séparément n'aurait pas pu porter.

- Assurer une meilleure représentation de notre territoire et de ses habitants auprès de l'Etat et des autres collectivités, tout en respectant une représentation équitable des communes fondatrices au sein de la commune nouvelle, et une égalité de traitement entre les habitants des communes déléguées.

- Maintenir un service public de proximité au service des habitants du territoire. Il s'agit de constituer une véritable agglomération en milieu rural regroupant tous les moyens humains, matériels, financiers des 5 communes, permettant d'assurer le développement équilibré de chacune des communes fondatrices, dans le respect des intérêts de ces habitants et d'une bonne gestion des deniers publics.

LES ORIENTATIONS PRIORITAIRES DE LA COMMUNE NOUVELLE

Les Conseils Municipaux des Communes fondatrices tiennent à rappeler leur attachement :

- A Développer des services de qualité pour les habitants : outre l'objectif de maintien des services de proximité, la commune nouvelle profitera de la mutualisation des compétences pour développer avec plus d'efficacité de nouveaux services absents ou faiblement présents dans l'une ou l'autre de ses communes.

- A Garantir l'identité des communes fondatrices, pour garder l'identité de chacune de ses communes composantes, la commune nouvelle adoptera le nom de : MONTCUQ EN QUERCY BLANC, tandis que chaque commune fondatrice, devenant commune déléguée, conservera son nom actuel.

- A la pérennisation des services publics : Collège, Ecoles, gendarmerie, SDIS, Poste......

- Au maintien et au développement de l'activité agricole, commerciale, artisanale dans le territoire.

- A l'amélioration des infrastructures routières et des voies de communication, au développement de l'activité touristique.

- A la préservation du patrimoine bâti communal, et notamment religieux, présentant un intérêt historique ou touristique sur les 5 communes.

- Considérant les activités associatives comme essentielles à la vie locale, la commune nouvelle encouragera la pratique de ces activités, et la coopération associative sur l'ensemble de son territoire tout en garantissant l'autonomie que leur confèrent leurs statuts. La commune nouvelle assurera l'équité de toutes les associations présentes sur le territoire (soutien financier aux associations ou comités d'animations des communes déléguées).

- A la participation des jeunes à la citoyenneté via un conseil municipal Jeunes.

- Développement de l'habitat dans les 5 communes, dans le respect des documents d'urbanisme en vigueur sur le territoire. Les communes considèrent comme prioritaires l'uniformisation de leurs documents d'urbanisme dans le cadre d'un P.L.U.I et la création d'un service d'urbanisme assurant l'instruction des permis de construire et autorisations d'urbanisme.

Les Communes de BELMONTET, LEBREIL, MONTCUQ, SAINTE-CROIX et VALPRIONDE représentées par leur Maire en exercice et dûment habilitées par leur conseil municipaux respectifs, suivant délibération conjointe, décident la création d'une commune nouvelle « MONTCUQ EN QUERCY-BLANC ».

GOUVERNANCE

Le siège de la Commune de la commune nouvelle sera situé à l'Hôtel de Ville, 1 place des consuls – 46800 MONTCUQ. Durant la période transitoire, c'est à dire avant le renouvellement des Conseils municipaux en 2020, compte tenu du nombre de conseillers municipaux, les séances du Conseil auront lieu à l'Espace d'Animation.

* La Commune nouvelle est substituée aux communes :
-pour toutes délibérations et actes
-pour l'ensemble des biens, droits, et obligations
-dans les syndicats dont les communes étaient membres
-pour tous les conseillers municipaux qui sont rattachés à la commune nouvelle.

* Les Communes Déléguées

A/ Organisation : Dans les 6 mois suivant la création de la commune nouvelle, il est prévu la création de plein droit des communes déléguées : de BELMONTET, LEBREIL, MONTCUQ, SAINTE-CROIX et VALPRIONDE. Chaque Commune déléguée conservera le nom et les limites territoriales des anciennes communes.

Il est acté que les communes déléguées ne seront pas dotées d'un Conseil Municipal spécifique.

B/ Les Maires des Communes déléguées

Chaque commune déléguée est représentée par son Maire, qui devient Maire délégué et Adjoint de droit de la Commune nouvelle. Il peut cumuler ces fonctions (mais ne peut pas cumuler les deux indemnités) et peut recevoir des délégations particulières de la part du Maire de la Commune nouvelle. Ses fonctions sont les suivantes : Officier d'Etat-Civil et de police Judiciaire (article 2113-13 du CGCT).

*ARTICLE 1 : Le Conseil Municipal de la Nouvelle Commune :

La Commune nouvelle est dotée d'un conseil municipal élu, conformément aux dispositions du C.G.C.T.

Durant la période transitoire, le Conseil municipal de la commune nouvelle sera composé de l'ensemble des conseils municipaux des communes déléguées.

*ARTICLE 2 : La Municipalité de la Commune Nouvelle : Elle est composée :

A/Du Maire de la Nouvelle Commune : il est élu conformément au C.G.C.T. Il est l'exécutif de la Commune. Ses missions : représenter la Commune en justice, passer les marchés, signer les budgets, gérer le patrimoine. Le Conseil Municipal peut lui déléguer d'autres compétences.

B/ Des Adjoints de la commune nouvelle, qui, conformément au CGCT, y compris les Maires Délégués ne pourra pas excéder 30% du conseil Municipal.

C/ Des Maires délégués, des communes déléguées, qui seront adjoints de droit. Il est possible de cumuler les fonctions de Maire délégué et d'adjoint à la Commune nouvelle mais il est impossible de cumuler les deux indemnités.

D/ Des Conseillers Municipaux ; certains pourront se voir confier des délégations particulières du Maire de MONTCUQ EN QUERCY-BLANC et être nommés à ce titre Conseiller Municipal Délégué. Ils pourront être indemnisés lorsque la mission le justifie.

*ARTICLE 3 : Le Budget :
La Commune nouvelle bénéficie de la fiscalité communale (article 1638 du CGI)

- Intégration fiscale progressive des taxes communales,

- En ce qui concerne la DGF, la Commune nouvelle bénéficie des différentes parts de la dotation forfaitaire des communes fondatrices,

- Les Conseils Municipaux choisissent une intégration fiscale progressive pendant une durée de 12 ans.

*ARTICLE 4 : Le Personnel :
L'ensemble des personnels communaux relève de la commune nouvelle dans les conditions de statuts et d'emplois qui sont les

46

siennes. Le personnel dans son ensemble est géré par la commune nouvelle, il est placé sous l'autorité du Maire et du Directeur des Services. Il conserve l'ensemble de ses avantages indemnitaires acquis.

*ARTICLE 5 : Le CCAS :
Afin de soutenir l'ensemble de l'action Sociale sur l'ensemble du territoire, un CCAS sera constitué sur l'ensemble de la commune nouvelle conformément à la Loi.

*ARTICLE 6 : Modification de la présente charte constitutive :
Cette charte a été élaborée dans le respect du CGCT. Elle représente la conception que se font les élus des 5 communes fondatrices de la nouvelle commune. Elle a été adoptée à l'unanimité des Conseils Municipaux (par majorité simple) des communes fondatrices.
Elle ne pourra faire l'objet d'une quelconque modification, sauf à être votée à la majorité qualifiée du Conseil Municipal de la Commune Nouvelle. »

C'est donc cela, la charte ! Des platitudes jusqu'en 2020 et ensuite la liste victorieuse des municipales l'adaptera à « *la majorité qualifiée du Conseil Municipal.* »
Des passages drôles, quand même : « *les services indispensables à l'épanouissement des habitants* »... Montcuq.tv ? Chez des maires prompts à témoigner de leur intérêt pour le patrimoine, la culture, par exemple, en ne répondant même pas quand ils sont informés de la publication d'un livre sur le Quercy Blanc...
Vous découvrirez dans la pièce de théâtre un magnifique « *Je pense que Monsieur le maire, enfant du pays, sera encore plus sensible que moi à vos publications, et si je peux me permettre de vous faire une sujétion, ce serait de lui offrir votre ouvrage, je suis certain qu'il en ferait large information et diffusion autour de lui...!* » Ai-je réellement une imagination débordante pour inventer ce genre de réplique ?
« *Pérenniser les 5 communes fondatrices* », oui : par la disparition des 4 plus petites ! Quel sera leur statut juridique du 1er janvier 2016 à la création de la "commune déléguée" ? Comme après ?

Une simple partie de "Montcuq en Quercy Blanc" qui n'aura de commune que le terme inapproprié "commune déléguée" ? "Quartier éloigné" aurait été plus honnête ?

« *Tout en ayant la volonté d'offrir à chacun la même qualité de services* » : pour permettre la réalisation de cette grande ambition, il serait préférable de fusionner avec Toulouse. Un arrêt de bus dans chaque commune déléguée pour permettre à chacun de se rendre à Cahors chaque jour ?

« *L'esprit qui anime les élus fondateurs* », c'est monsieur Patrice Caumon ?

Et un magnifique passage sur l'égalité, peut-être romaine : « *une égalité de traitement entre les habitants des communes déléguées.* »

C'est écrit dans la charte, il y aura les citoyens de Montcuq et les autres, disons des sous-citoyens mais qui bénéficieront tous, ces manants, d'une égalité de traitement. Mais non : Montcuq également est une commune déléguée de Montcuq en Quercy Blanc... forcément... On peut en douter dans l'esprit mais il faut suivre, sinon n'écrivez pas de livre ! Nous sommes tous libres et égaux en droits... mais en réalité... La soumission n'est pas clairement notée, monsieur... Vous m'avez convaincu ? Suis-je l'écrivain convaincu ?

« *Maintenir un service public de proximité* » La proximité, c'est combien de kilomètres ?

Et pour finir, un argument à reprendre dans vos lettres à madame la préfète : il est faux de prétendre qu'elle a été adoptée à l'unanimité des Conseils Municipaux (par majorité simple) des communes fondatrices, cette charte. Lebreil et Ste Croix ne l'ont pas votée ! Mais ça viendra peut-être... Ou c'est inutile : madame la préfète se contente d'une volonté exprimée « *dans des termes concordants.* » Du convaincu au concordant...

Quel serait le nom de cette commune nouvelle ?
« la commune nouvelle adoptera le nom de : MONTCUQ EN QUERCY BLANC »
Ailleurs « MONTCUQ EN QUERCY-BLANC » est utilisé.

Une course contre la montre...

Pour eux, il s'agissait d'agir le plus rapidement possible, en espérant une validation préfectorale leur permettant d'obtenir une augmentation de la dotation globale de 5% en 2016. Ils auraient effectivement l'air "un peu" ridicules si malgré leur empressement, ils devaient finalement annoncer devoir gérer leur communette avec une baisse... Naturellement, ils accuseraient les lourdeurs administratives et contesteraient l'accusation d'incompétence.

Pour eux, il s'est agi d'agir le plus rapidement possible, pour ne pas laisser le temps à la population de comprendre les réelles conséquences de ce mécanisme féodal. La mairie, ce sera *place des Consuls !*

Dans chaque village, des opposants semblent se demander qui contacter chez leurs voisins. Eh oui, ici, les gens se connaissent peu, aucune réelle activité ne leur permet de se fréquenter...

Pour moi, il s'agit de sortir ce livre le plus rapidement possible. Cet exemplaire "position 1" deviendra donc collector. Au-delà des inévitables fautes d'orthographe, oublis, répétitions plus ou moins volontaires, des réponses et péripéties arriveront trop tard...

La vache se croise encore à Montcuq

J'ai demandé combien ?

Forcément, dans ces "2100 habitants", je semble être le seul à pouvoir balancer ce pavé dans la devanture du "club des 5".

Ainsi une question essentielle, sûrement la seule question essentielle pour certains de ce dossier, mérite de circuler de mail à mail, de bouches à oreilles : combien ai-je demandé au maire de Montcuq pour ne pas publier ce document ?

Car tout le monde a entendu causer des pratiques de la profession, des journalistes soupçonnés d'avoir réclamé trois millions d'euros, tout en pouvant se contenter de deux, au roi du Maroc en échange de leur absence de publication d'un livre « *compromettant pour le Palais royal.* » Et tout ce monde sait, qu'à moins de posséder le talent rare de Valérie Trierweiler née Massonneau, un livre rapporte peu à son auteur.

Me suis-je rendu dans le bureau du maire de Montcuq, pour affirmer : « *Moyennant trois millions d'euros, je ne publie pas mon livre* » ? Leur Dépêche du Baylet ne manquera sûrement pas de vous tenir en haleine avec ce rebondissement dans la marche triomphale de nos valeureux et désintéressés maires.

Tiens, v'la trois euros beatnik ! (c'était pour la rime)

La fiscalité... Présentation honnête aux administrés ?

Les maires ont-ils présenté honnêtement à leurs administrés les incidences fiscales de la fusion ? En cas d'impression négative, chacun se doit de signaler ce dysfonctionnement à madame la préfète du Lot...

Les taux de fiscalité (T.H, T.F.B, T.F.N.B, C.F.E) seront lissés sur une durée de 12 ans... Et rassurez-vous le taux de la taxe d'habitation évoluera nettement moins que si nous ne fusionnions pas... Qu'il fut prétendu...

Les administrés de Montcuq peuvent se réjouir de la bonne nouvelle : aucune augmentation prévue des taux jusqu'en 2028 et même une baisse de la T.F.N.B ! (mais si le mouvement s'amplifie leur commune aura été absorbée par Cahors ou Montauban ?)

T.H : Taxe d'habitation

T.F.B : Taxe foncière sur les propriétés bâties

T.F.N.B : Taxe foncière non bâti

CFE : Cotisation foncière des entreprises

La transition, le lissage restant finalement très secondaire (même si dès 2016 Lebreil "bénéficiera" déjà d'un doublement de son taux de TFB), constatons le choc 2015 --> 2028

La taxe d'habitation... celle sur laquelle les maires semblent avoir essayé de focaliser les esprits...

Montcuq   8,86 ---> 8,86

Lebreil   6,64 ---> 8,86
Belmontet   8,32 ---> 8,86
Sainte-Croix   9,33 ---> 8,86
Valprionde   6.92 ---> 8,86

Quel bonheur à Sainte-Croix et Montcuq ! Ailleurs la hausse reste raisonnable... Bin alors !... Y'a pas que la taxe d'habitation sur nos feuilles d'impôts... La foncière, par exemple...

La Taxe foncière sur les propriétés bâties... celle payée par les propriétaires de leur maison...

Montcuq   11,28 ---> 11,28

Lebreil   2,67 ---> 11,28
Belmontet   5,36 ---> 11,28
Sainte-Croix 4,73 ---> 11,28
Valprionde   3.06 ---> 11,28

Mais !, ils nous répondraient sûrement si on les forçait à s'expliquer, *"nos bases sont faibles"*... *Cela ne représente que quelques euros, pardi !* S'ils s'adressaient à un auditoire de neuneus... car nous pourrions rétorquer : en plus du taux, les bases "risquent" de flamber pour Lebreil, Belmontet, Sainte-Croix et Valprionde, après leur merveilleuse chance d'accéder au titre *enviable* de trou de Montcuq (le must, en terme d'image !)

Si la base s'élève à 1000 euros, plutôt que de payer 26,7 euros en 2015, ce sera 112,80 à Lebreil en 2028. Il s'agit quand même d'une multiplication par quatre ! Valprionde est presque dans la même situation (la commune a déjà bénéficié de "l'effet Caumon", passant de 2,32% en 2013 et 3,06 dès son entrée en fonction) alors que Sainte-Croix et Belmontet se contentent de doubler, certes un peu plus. Ne chipotons pas !
Naturellement, la commune n'était pas la plus vorace pour la taxe foncière...

Intercommunalité : 8,10%
Département : 23,5%
Taxe ordures ménagères : 12,5%

Notre changement "possible" de Communauté de Communes aura quelle incidence sur la taxe foncière ? Je pose trop de questions ? Quant aux bases, chaque année elles semblent suivre un indice... augmentent légèrement... Ce qui sera au moins encore le cas jusqu'en 2028. Ne l'oubliez pas dans vos prévisions budgétaires...

Taxe foncière propriétés non bâties

Montcuq   90,6 ---> 68,88

Lebreil   26,61 ---> 68,88 Belmontet 62,6 ---> 68,88
Sainte-Croix 19,06 ---> 68,88 Valprionde 34.2 ---> 68,88

Cotisation foncière des entreprises (CFE)

Montcuq   15,08 ---> 15,08
Lebreil   15,85 ---> 15,08
Belmontet   13,25 ---> 15,08
Sainte-Croix 18,47 ---> 15,08
Valprionde 15.02 ---> 15,08

Les maires n'ont pas osé mettre en une cette CFE...

On comprend qu'à l'unanimité les conseillers municipaux de Montcuq aient voté pour un tel plan.
Ceux de Lebreil, Belmontet, Sainte-Croix, Valprionde, les "enfants de Boris Vian" risquent d'aller cracher sur leurs tombes.

Il faudra faire des sacrifices, les conquis !

Qui connaissait ces taux de notre fiscalité ? Je les ai découverts le 16 octobre 2015.

« Sans la Commune Nouvelle, j'aurais été obligé d'augmenter les taxes locales, sur Valprionde, de 70 % en 3 ans. Avec l'harmonisation des taux, au sein de la Commune Nouvelle, les taxes locales n'augmenteront que de 28 %, ce sur 12 ans. »
Patrice Caumon, 7 octobre 2015, *La Vie Quercynoise*.
L'Entretien avec un maire convaincu.
Les taxes locales... 28% d'augmentation de la taxe foncières, monsieur le maire ?

Ainsi, abordons l'incidence fiscale réelle...

Incidence fiscale réelle d'une fusion

À Valprionde, le maire, dès son élection en 2014, s'était déjà empressé de taper sur les taux. Et 5 000 euros en plus déjà collectés par la taxe d'habitation et la taxe foncière...

Taxe d'habitation :
2013 au taux de 5,25% --> 11 673 euros
2014 au taux de 6,92% --> 15 422 euros

Taxe foncière sur les propriétés bâties :
2013 au taux de 2,32% --> 2 901 euros
2014 au taux de 3,06 % --> 3 961 euros.

Finalement, cet homme semble cohérent : en finir avec le monde rural... Il ne pourrait peut-être pas m'imaginer avoir choisi la campagne pour la campagne, pas pour devoir en référer à Montcuq. Certes, mes relations avec les maires en deux décennies furent tellement brèves... J'avais dénoncé le choix d'Alsatis... et personne n'est venu s'excuser pour ses remarques sur celui osant contester les paroles de monsieur le maire, et même les ramener à leur plus brève expression de répétition des arguments commerciaux de la société toulousaine... Un peu comme l'actuel reprend la rhétorique technocrate... mais quand il y eut de nombreux papiers à réaliser, la proximité et la connaissance réciproque furent appréciées, des éléments de notre République. De toute manière, on n'écrit pas un tel livre pour son cas personnel... Je pourrais également penser, "à mon âge, je ne vais pas leur chercher des poux dans la tonsure..." Mais l'écrivain témoigne. Voilà, vous cherchiez l'utilité d'un écrivain, elle est là... Encore une occasion de balancer le Soljenitsyne du « *Nulle part, aucun régime n'a jamais aimé ses grands écrivains, seulement les petits.* » Prétentieux, va !... Regardez un peu la liste des invités à la bibliothèque de Montcuq... Bref, digressions... Je joue mon Céline, puisque de toute manière sans m'avoir lu ils m'affublent déjà de qualificatifs peu aimables... et ça ne va pas s'arranger... Bref... l'incidence fiscale réelle de cette fusion...
Les données 2015 figurent donc sur le document enfin obtenu...

Quand aucune réunion publique n'est prévue... avant de tirer les rois... et non les petits empereurs... partager dans la joie et la bonne humeur, la galette des roitelets... Ce dossier aura été oublié, certains nous auront bien donné l'occasion d'une minute de silence ? Quant au méchoui municipal, cette année il semble réservé aux conseillers municipaux. Non ? Ce n'était pas une nouvelle tradition ? Juste une pratique romaine, où tout nouveau sénateur se devait de dresser des tables ?

Avant 2015... oui, 2014 et même 2013. Avec les chiffres officiels...

Taxe d'habitation

MONTCUQ
2013 Base de 1 360 564, taux de 8,68%, donc 118 121 € récoltés.
2014 Base de 1 335 210, taux de 8,77, donc 117 078 €.
2015 taux : 8,86 ; taux 2028 : 8,86 prévu.

BELMONTET
2013 Base de 142 525, taux de 8,32%, donc 11 857€ récoltés.
2014 Base de 149 937, taux de 8,32, donc 12 476 €.
2015 taux : 8,32 ; taux 2028 : 8,86 prévu.

LEBREIL
2013 Base de 151 418, taux de 6,03%, donc 9 130 € récoltés.
2014 Base de 149 248, taux de 6,15, donc 9 178 €.
2015 taux : 6,64 ; taux 2028 : 8,86 prévu.

SAINTE CROIX
2013 Base de 89 386, taux de 8,79%, donc 7 857 € récoltés.
2014 Base de 86 075, taux de 8,97, donc 7 722 €.
2015 taux : 9,33 ; taux 2028 : 8,86 prévu.

VALPRIONDE
2013 Base de 222 350, taux de 5,25%, donc 11 673 € récoltés.
2014 Base de 222 885, taux de 6,92, donc 15 422 €.
2015 taux : 6.92 ; taux 2028 : 8,86 prévu.

Mais naturellement les promesses n'engagent que ceux qui les lisent... Qui plus est en 2020 une nouvelle équipe arrivera peut-être à la mairie ; il ne semble pas exagéré de penser qu'à Belmontet, Lebreil, Sainte Croix et Valprionde les voix seront rares pour la liste où figureront les maires convaincus en 2015. Les gens vivent les yeux fermés mais y'a des limites...

Taxe foncière sur les propriétés bâties

MONTCUQ
2013 Base de 1 024 094, taux de 11,06, donc 113 252 € récoltés.
2014 Base de 1 038 234, taux de 11,17, donc 115 974 €.
2015 taux : 11,28 ; taux 2028 : 11,28 prévu.

BELMONTET
2013 Base de 94 090, taux de 5,36%, donc 5 044€ récoltés.
2014 Base de 98 163, taux de 5,36, donc 5 263 €.
2015 taux : 5,36 ; taux 2028 : 11,28 prévu.

LEBREIL
2013 Base de 92 499, taux de 2,42%, donc 2 239 € récoltés.
2014 Base de 95 478, taux de 2,47, donc 2 357 €.
2015 taux : 2,67 ; taux 2028 : 11,28 prévu.

SAINTE CROIX
2013 Base de 53 290, taux de 4,46%, donc 2 377 € récoltés.
2014 Base de 55 636, taux de 4,55, donc 2 533 €.
2015 taux : 4,73 ; taux 2028 : 11,28 prévu.

VALPRIONDE
2013 Base de 125 421, taux de 2,32%, donc 2 901 € récoltés.
2014 Base de 129 522, taux de 3,06, donc 3 961 €.
2015 taux : 3.06 ; taux 2028 : 11,28 prévu.

Un petit calcul sur cette Taxe foncière sur les propriétés bâties :

MONTCUQ 115 974 € en 2014 ramené à 1262 habitants 91 €/H.

BELMONTET 5 263 € en 2014 ramené à 141 habitants 37 €/H.
LEBREIL 2 357 € en 2014 ramené à 131 habitants 17.99 €/H.
SAINTE CROIX 2 533 € en 2014 ramené à 69 habs 36.71€/H.
VALPRIONDE 3 961€ en 2014 ramené à 152 habs 26.05€/H.

Posons :
MONTCUQ à 11,28% avec la base 2014 : 117112 euros 92.7/H.

BELMONTET à 11,28 avec la base 2014 : 11072 euros 78.53/H
LEBREIL à 11,28 avec la base 2014 : 10769 euros 82.21/H.
SAINTE CROIX à 11,28 avec la base 2014 : 6275 euros 90.95 /H.
VALPRIONDE à 11,28 avec la base 2014 : 14610 euros 96.11/H.

On pourrait considérer le compte presque bon, les contributions "équilibrées". Pourtant il faudra faire payer aux campagnes leur faible démographie... Et donc revaloriser les bases... (ou alors on leur installera la Très Haute Tension ?... Pour Valprionde et Belmontet les poteaux, pour le cœur de Montcuq le pactole) ?
Mais d'évolution des bases, il n'en a pas été question : normal, monsieur, l'administration fiscale est indépendante des conseils municipaux... donc... Donc quoi ? Une fusion entre communes d'un autre monde budgétaire ne pouvait germer que dans des crânes peu soucieux des campagnes.

Que resterait-il de Montcuq s'il était rattaché à Cahors ? L'ensemble du Conseil Municipal de Cahors approuverait sûrement... On y viendra ? Cinq intercommunalités en 2017, trois en quelle année ? Et ensuite, naturellement, l'ensemble des communes d'une intercommunalité seront appelées à fusionner ?... Pour faire des économies (des pergolas de 75 000 euros) Ainsi "tout le monde" paiera comme Cahors ! L'esprit féodal aura totalement pris sa revanche sur la Révolution... C'est peut-être déjà le cas... J'exagère ? Forcément, comme Michel Houellebecq...

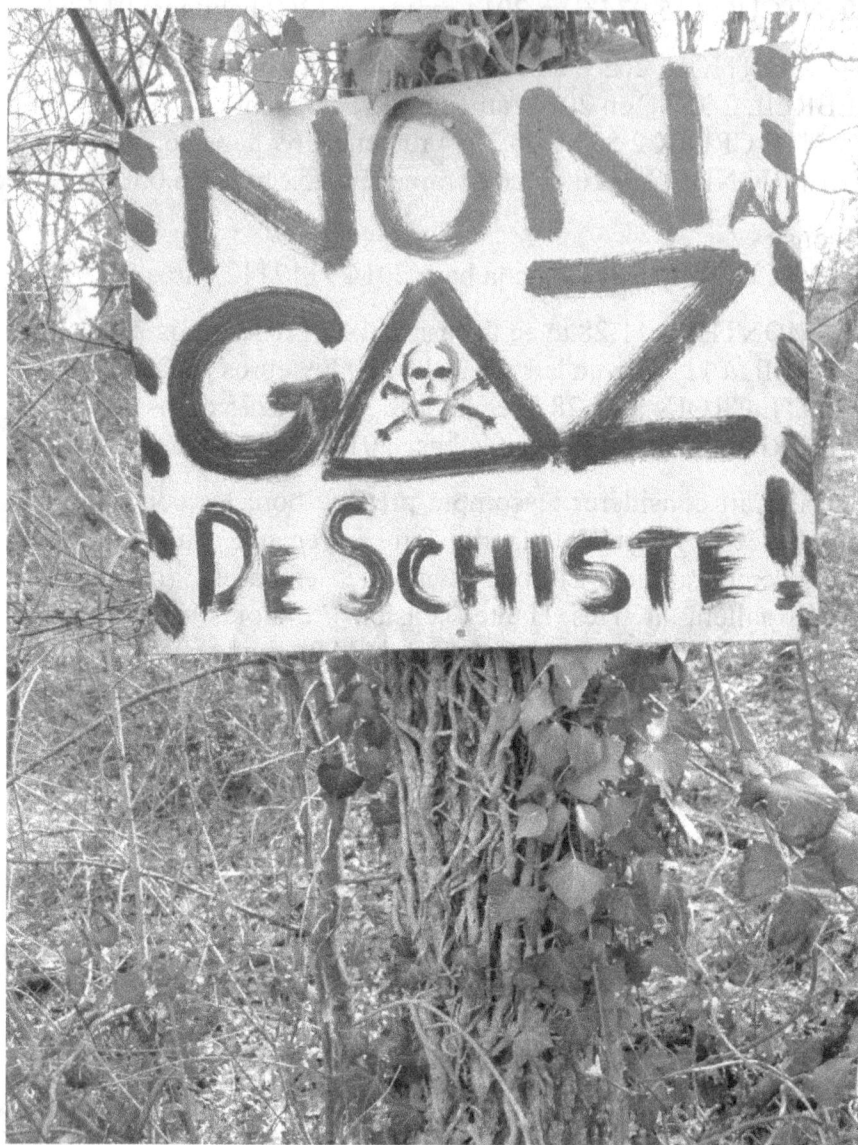

Un NON de Montcuq...

L'époque est à la soumission...

Crises économiques, identitaires, embrigadement en douceur (aisance financière) des "intellectuels", confiscation (en douceur) des médias par les puissances boursières... Soumettez-vous ou souffrez !

Souffrir ? Non ! Il suffit de comprendre la situation, vivre de peu et sourire quand on vous balance votre marginalité à la tronche comme s'il s'agissait d'une grave maladie...

Le monde agricole commence à comprendre son présent et son avenir sur le même modèle que l'édition : d'un côté les industriels, de l'autre "les marginaux".
Ils vivent sur leur lopin de terre comme moi avec des livres.
Ils ignorent, le plus souvent, nos démarches parallèles. Peut-on se croiser quand l'on avance sur des routes parallèles ?
Nos routes sont sinueuses...

Je porte un regard finalement amusé sur les travers de mes contemporains. Tellement d'agitations en si peu de temps sur terre. Comme si la distraction leur était de plus en plus nécessaire. Blaise Pascal pourrait s'en "retourner dans sa tombe"... ce n'est qu'une expression, naturellement, en une époque où les vieux morts, malgré la flambée du prix du marbre et des concessions, doivent laisser la place aux jeunes dans nos cimetières.
Tout sera oublié... Ou presque. Comme nous lisons encore Sénèque, comme Lucilius prend vie sous nos yeux malgré la disparition de ses écrits, Caumon Patrice, Lalabarde Alain, Roux Bernard, Sabel Marie-José, Vidal Guy, susciteront peut-être encore la joie de nos descendants. S'ils parviennent à vivre sur la terre que nous leur laisserons. La génération des insouciants est au pouvoir ! Ils ont aimé les pesticides, les nitrates, ils ont pu ainsi se détourner des tâches agricoles pour se consacrer aux affaires.
Il leur reste quelques années, au plus décennies, et veulent marquer leur époque ?
Certains ne manqueront pas, si l'audience générale les persuade de daigner un regard sur ce livre, de dénoncer une plume trempée dans le vitriol. Mais non !

Se voulant spirituels, d'autres déclameront : « Il pointe les travers de ses contemporains tout en oubliant les siens. »
Si les médias s'intéressent à mes écrits, nul doute que des aimables serviteurs des installés prétendront me battre avec le bâton de mes envolées lyriques...

Un peu de rire, même s'il fait grincer des dents, ou des dentiers.

L'époque est à la soumission. Mercredi 7 janvier 2015, j'ai écouté France-Inter le matin, c'est de plus en plus rare ; Michel Houellebecq y présentait, le jour de sa sortie, son sixième roman, *Soumission* : « *politique fiction... les hommes politiques y sont quand même ridicules... avant le livre, la réélection de François Hollande en 2017... ça crée un drôle de climat... un tour de passe-passe... quand la démocratie est à ce point ridiculisée... détestation du personnel politique, non, c'est pas le bon mot mais disons qu'ils ne sont pas à la hauteur... il y a quand même un réel mépris dans ce pays pour l'ensemble des pouvoirs... les hommes politiques sont vraiment méprisés, les juges sont méprisés, les journalistes sont méprisés, à ce niveau-là ça devient alarmant quand même... On sent que ça ne peut pas continuer... Il faut changer un truc... Y'a des petites choses qui ont eu un effet lourd, enfin ce n'est pas des petites choses. J'avais voté en 2005 "non"* [référendum constitution européenne], *comme 55% des français ; après on fait repasser par le congrès, quelle peut la réaction, ils se foutent de ma gueule !... »*
Puis j'ai éteint la radio.
Nous avons voté en 2014 pour des conseils municipaux chargés de gérer nos communes et en 2015 ils les inféodent à Montcuq. Ils se foutent de notre gueule ?...

36 681 communes en France. 31 000 à moins de 2 000 habitants. Dont 3 500 même à moins de 100. J'ai grandi dans un village, je connaissais tout le monde. Nous étions moins de 80. Des trous perdus, faut que ça cesse ! Elles sont là, les grandes économies ! Regroupez pour économiser... Euréka, François a trouvé ! Ou "l'art" de recycler de vieilles idées... (voir *"les villages doivent disparaître !"*)

Fusionnez votre commune, nous vous apportons des arguments et adaptons même la loi pour faciliter ces initiatives. N'ayez rien à craindre des réfractaires : il vous suffit de vous entourer de conseillers municipaux dociles et le tour sera joué...

La politique de regroupement des populations dans de grands ensembles a échoué, pourtant la cible reste les villages : ils doivent disparaître, devenir des quartiers rattachés aux grandes villes.

Il existera des collaborateurs de cette "modernité" : les gentils maires qui se regrouperont, parfois même en s'affublant de l'auréole visionnaires ! Quand on se rend compte que le vent de l'histoire souffle contre soi, faut-il se retourner ? Ou avancer contre vents et subventions défavorables ?

Mais pourquoi les villages devraient disparaître ? Pourquoi ? Parce que ! Ils ne sont pas rentables ! Des immenses économies peuvent faire saliver : assurances, achats groupés, fournitures scolaires... et employés municipaux... Le seul problème : les uniques économies réelles probables peuvent être réalisées sans regroupement... Quant aux inconvénients... Ils s'en foutent, ils vivent en villes, ceux qui souhaitent nous imposer ce modèle.

Mais enfin, vous comprenez, inutile de vous l'avouer : ainsi l'ensemble de la classe politique sera professionnelle. Des élus membres des partis politiques, comme ce serait merveilleux... Fini le bénévolat des conseillers municipaux... (certes ce "bénévolat" fut souvent récompensé en passe-droits... mais naturellement cela n'existe plus à notre époque... aucun élu ne pourrait se croire autorisé à essayer de faire gagner de l'argent à sa famille par l'obtention du label constructible de terres ou l'implantation d'éoliennes) Et les élus pourront s'augmenter en prétendant faire des économies...

Naturellement, des sondages ne manquent pas de prétendre que 60 ou 70 ou même 80% des françaises et des français sont favorables au regroupement des communes. La manipulation des foules est facile dans ce domaine...

Le 9 octobre 2014, le Gouvernement engagea une procédure accélérée : « Proposition de loi relative à l'amélioration du régime de la commune nouvelle, pour des communes fortes et vivantes. » Y'avait urgence, c'est la crise : on tient les coupables, les bouseux !

Dans une bonne logique économique moderne, ne pourrait-on pas directement vendre les "petites communes sans intérêt" au Qatar ou à la Chine ? Le Qatar fut-il déjà contacté au sujet d'une des nombreuses églises du "grand Montcuq" ? Certes, "tout le monde" s'en fout des églises, mais le jour où une "bonne opération immobilière" sera annoncée par la mairie, il sera trop tard.

Une voiture de Montcuq
Qui est le vrai pilote de cette fusion ?

L'enjeu de la communauté de communes...

Sainte-Croix, Valprionde, Lebreil et Belmontet, comme Montcuq participent à la Communauté de Communes du Quercy Blanc...

Les "grandes responsabilités" y ont été "déléguées"... ainsi à la mairie on répond "ce n'est pas nous mais la communauté"... les petites communes n'y ont qu'un représentant... normalement... et les citoyens restent le plus souvent sans informations sur les décisions et même le mode de fonctionnement...

Heureusement, à Montcuq, la liste conduite par Charles Farreny fut vaincue... sinon il est peu probable qu'elle eut fourni un "Compte-rendu non officiel" des réunions municipales et communautaires... [Charles Farreny est décédé à Toulouse le 31 août 2015 ; « *Malheureusement, Charles Farreny n'a pu mener à bien son combat contre la maladie. Chacun de nous gardera l'image d'un homme bon, généreux, respectueux, avec des convictions* » notait Didier Quet dans *La Vie Quercynoise*, laissant imaginer la cause du décès.]

Il existait la communauté de communes de Montcuq (16 communes) et celle de Castelnau-Montratier (7 communes). De taille humaine à peu près équivalente. Depuis le 1er janvier 2014, elles ont fusionné. Environ 7800 habitants.

Ainsi est née la communauté de communes du Quercy Blanc avec « *pour ambition de développer des projets et d'améliorer les services proposés aux citoyens* », d'abord présidée par Jean-Claude Bessou, Conseiller Général du Canton de Castelnau-Montratier... avant les municipales...

http://vivreensembleamontcuq.com : Réunion du conseil communautaire n° 1 du 16 avril 2014 à Cézac. Publié le 16 avril 2014 : « *Un seul candidat pour la présidence : Jean-Claude Bessou, conseiller municipal de L'Hospitalet, vice président du Conseil Général. Il s'agit d'un vote à bulletin secret où tous les votants sont appelés tour à tour à passer dans l'isoloir avant de glisser son bulletin dans l'urne. 41 pour, 3 blancs. M.Bessou propose les vices présidents...* »
Résultat :

- Jean-Claude Bessou, président (élu de Lhospitalet)
- Bernard Vignals, premier vice-président (maire de Lascabanes)
- Jacques Rols, deuxième vice-président (premier adjoint à Castelnau)
- Christian Bessières, troisième vice-président (maire de Saint-Matré)
- Maurice Roussillon, quatrième vice-président (maire de Cézac)
- Marie-José Sabel, cinquième vice-président (maire de Sainte-Croix
- Jean-Pierre Alméras, sixième vice-président (maire de Lhospitalet)
- Didier Boutard, septième vice-président (maire de Saint-Laurent-Lolmie)

Pour cette septième vice-présidence, il y eut deux candidats : Didier Boutard, ayant déclaré « *vous me connaissez, je suis animateur sortant de la comcom de Montcuq* » et Alain Lalabarde, maire de Montcuq, « *nouvel élu, motivé pour plusieurs points, se présente pour la parité des élus, intéressé par l'urbanisme.* »
Vote :

Boutard : 20	Lalabarde : 16
Blancs : 7	Nuls : 1

Le chroniqueur précise : « *Garde, maire de Castelnau-Montratier, trouve important que les maires des deux chefs-lieux de canton ne soient qu'au bureau parce qu'ils ont déjà beaucoup de boulot.* »

Même pas à classer au rayon "humour"... Pour rappel Jean-Claude Bessou était également vice-président du Conseil Général, ce qui semblerait donc une fonction moins prenante que maire des 1885 habitants de Castelnau... Quant à Jean-Marc Vayssouze-Faure, maire de Cahors, il parvient à présider le Grand-Cahors, et Martin Malvy dirige le Conseil Régional et le Grand-Figeac... ce qui ne constitue même pas, officiellement, un conflit d'intérêts... oh mais oh là là, on a beaucoup de boulot à Castelnau...

Passons aux « *Indemnités du président : max 41,25 % de l'indice brut mensuel 1015, choisi 32%."* Avec un "*Vote à l'unanimité à main levée.* »

Puis « *des vice-présidents : max 16,5 choix 12%.* » Et là, grand moment de démocratie locale : « *Bernard Resseguier, maire de Sainte Alauzie, se lève et dénonce une inflation des indemnités de 10 000 € par rapport à la somme des indemnités des 2 anciennes communautés de communes avant leur fusion. Il est temps d'arrêter la course aux indemnités, propose au moins de ne pas donner pareil à tous les vice-présidents.*

Un autre élu a dit qu'effectivement on pourrait moduler les indemnités

Bessou répond qu'il comptera bcp sur les vice-présidents. Il explique que les communautés de communes n'ont pas demandé aux comcom de grossir ni de fusionner. Il maintient cette proposition.

6 abstentions à main levée. »

Aucune réaction connue sur la chanson :

Savez-vous piquer des sous ?

Savez-vous piquer des sous
À la mode
À la mode
Savez-vous piquez des sous
À la mode de Bessou ?

On les pique à Castelnau
Les gogos, les gogos oh
On les pique à Castelnau
Les gogos sont comme des veaux

Savez-vous piquer des sous
À la mode
À la mode
Savez-vous piquez des sous
À la mode de Bessou ?

On les pique jusqu'à Montcuq

Les gogos, les gogos oh
On les pique jusqu'à Montcuq
On t'entube jusqu'à la nuque

Savez-vous piquer des sous
À la mode
À la mode
Savez-vous piquez des sous
À la mode de Bessou ?

On les pique discrètement
30%, 30%
On les pique en s'augmentant
Président 7 vice-présidents

Savez-vous piquer des sous
À la mode
À la mode
Savez-vous piquez des sous
À la mode de Bessou ?

On les pique en souriant
Homme charmant, homme charmant
On les pique délicat'ment
En homme de bonne gauche forcément

Plus 10 000 euros, annuel, bagatelle ? Quand deux communautés fusionnent, naturellement, il s'agit d'apporter un meilleur service à moindre coût aux populations ?

Les indemnités annuelles cumulées des élus des anciennes communautés de communes atteignaient 42 000 euros, environ.
Pour le Jean-Claude Bessou BAND : 52916,46 euros.
Soit : +30% !
En première mesure censée marquer les esprits, le président normal FH2012 décréta une baisse du salaire des ministres de... 30%... C'est presque drôle...
Le service aux populations on peut l'imaginer mais pour le coût, c'est déjà un fait... Naturellement, ces indemnités se cumulent à celles ailleurs acquises...

Après cette élection, *La Vie Quercynoise* avait interrogé le nouveau président... Je passe rapidement sur ses objectifs en souriant du « *Nous avons la chance d'avoir une Communauté de Communes à taille humaine, favorisant un fonctionnement démocratique.* » L'oligarchie sait utiliser la démocratie... Pour observer les deux dernières répliques...

« - *Comprenez-vous la décision de Gérard Miquel de quitter la présidence du Conseil Général ? Que souhaitez-vous à son successeur Serge Rigal ?*

- Il s'agit d'une décision personnelle. Je souhaite à Gérard Miquel du succès, dans ses nouvelles fonctions de maire de St-Cirq-Lapopie, le « village préféré des Français ». Je le remercie, pour ce qu'il a apporté au Département.

Quant à son successeur Serge Rigal, je lui souhaite de réussir, dans sa nouvelle mission. Je ne doute pas de ses capacités, ni de son dévouement entier au service de notre collectivité.

- Serez-vous candidat à votre réélection, lors des élections départementales de mars 2015 ?
- La réforme territoriale, ayant entraîné la refonte des cantons, m'a mis dans une situation inconfortable, vis-à-vis de mes administrés. Ainsi, je n'ai pas pris de décision, quant à une éventuelle candidature. »

Naturellement, la vacuité de la réponse sur Gérard Miquel pourrait servir à cerner l'homme... mais elle m'apparaît mettre en évidence, avec la conclusion, la situation de ces notables sans assise populaire mais qui parviennent à se caser ailleurs quand vraiment ils sentent le vent trop mauvais... Miquel à St-Cirq-Lapopie et au Grand-Cahors, Bessou dans cette communauté... et à 70 ans ils pourront se balader avec la satisfaction d'une carrière bien remplie ?
JC Bessou fut finalement candidat aux départementales 2015... et "réélu". Et toujours à la tête "du Quercy Blanc". Il a, peut-être, commis l'erreur stratégique de n'accorder aucune vice-présidence à des hommes, peut-être, finalement, ambitieux, comme messieurs Lalabarde et Caumon...

67

La loi donne à une commune nouvelle, même si elle est formée de communes toutes issues de la même "communauté de communes", le droit de choisir sa comcom.

Qui donnera un poste de vice-président à messieurs Lalabarde et Caumon pour récupérer même pas 2000 pecnots ?

Derrière cette fusion, la volonté de faire exploser la communauté de communes du Quercy Blanc semble se profiler... Madame la préfète devancera ce souhait ?

Saint Géniez

Le citoyen ne sait pas forcément tout cela, mais il sent bien qu'on lui cache des choses. Un pigeon à plumer... Alors, quand on lui cache des choses, il ne peut pas accorder sa confiance. Sauf naturellement, quand de tout il s'en fout. Finalement, avant le mur, pourquoi pas un peu d'aquabonisme. Puisque ce livre sera également placé dans une perspective gainsbardique.

Un autre banc à Montcuq.

L'identité des villages

- Que répondez-vous aux élus qui craignent une perte d'identité, avec la constitution de Commune Nouvelle ?
- Il faudrait, d'abord, qu'ils nous définissent ce qu'est l'identité de leur commune. Je considère que Montcuq est davantage porteur, en termes d'image, que nos petites communes. Notre identité est le Quercy Blanc

Patrice Caumon, 7 octobre 2015, *La vie Quercynoise*.

Montcuq, quelle image !

Valprionde

L'interview réalisée par Didier Quet était titrée « *Commune Nouvelle* « *Montcuq-en-Quercy-Blanc* », *dynamiseur des petites communes. Entretien avec un maire convaincu.* » On peut imaginer la volonté de faire comprendre *dynamiteur et...*
Elle se termine par « *J'estime avoir été utile au rassemblement des forces, nécessaire à la constitution de la Commune Nouvelle.* » Mais utile à son village ? Nous n'en sommes pas convaincus.

Manneken-Pis. "le gamin qui pisse", en bruxellois. Fontaine là-bas surmontée, depuis 1619, d'une statue en bronze représentant un petit garçon nu urinant. Elle symbolise l'esprit d'indépendance et d'irrévérence. Il existe désormais à Montcuq un "Manneken-Pis" en pierre, réalisé par "Hugo". Le plus choquant ? Le sculpteur l'a donné. Peu importe la qualité de l'œuvre, le don choque... En "échange", en "bonnes relations", il bénéficiera d'une bourse ou d'autres avantages ?

Un âne peut en cacher un autre

Les ânes de Montcuq...

L'image de Montcuq !

L'image de Montcuq ? Le clientélisme, la distraction en guise de culture, la thésaurisation sur son nom, l'encouragement même au rire gras.

Les blaireaux, groupe de chanteurs nordistes, après s'être ainsi baptisés durant leur période estudiantine, s'étaient rapidement rendu compte des conséquences, de l'impasse de leur voie. Il avait produit un album "*Pourquoi vous changez pas de nom ?*"

Et en même temps, c'était difficile, "*les blaireaux*" étaient connus. Ils ont même été récompensés du prix de l'autoproduction *jadis* attribué à Montcuq (sans lien avec les installés) Leurs textes restaient (peut-être involontairement) au niveau de l'idée associée à de tels individus... Leur dernier album semble être de 2011. Il s'intitule "*On aurait dû changer de nom.*"

Pour Montcuq, surtout s'il voulait vraiment fusionner avec un territoire de taille supérieure, et non l'accaparer, il était venu le temps de changer de nom.

Un blaireau sur la route de Montcuq. Etais-je déjà à Montcuq ?, il a murmuré avant d'expirer...

73

Montcuq culturel, c'est quoi ?

Y'a même un festival de chansons... Forcément je m'y suis intéressé dès sa création... le terme "festival" me sembla alors un peu usurpé pour trois concerts dont deux en reprises :
- 28 juillet 2005 : Valérie Ambroise, hommage à Brassens.
- 29 juillet : Christelle Chollet, Piaf revisitée.
- 30 juillet : Henri Courseaux.

« *Président et directeur artistique : Henri Courseaux.* » Et il s'était catapulté "tête d'affiche" ! Une association derrière... avec Daniel Maury sur les photos de "l'équipe".
Je ne connaissais pas HC... Le dossier de presse spécifiait « *Henri Courseaux a enregistré son premier CD en septembre dernier, à Saint-Laurent Lolmie, avec la violoncelliste Johanne Mathaly et le pianiste Jean-Louis Beydon.* »
Après « *50 pièces au théâtre, 30 films à la télévision, 20 au cinéma...* »
Et un certain âge d'après les photos...
Première impression : légèrement ridicule, avec le résumé : un vieux camarade au Daniel Maury réalise son premier album et parvient à obtenir des subventions pour s'auréoler du terme de patron d'un festival, avec l'espoir, sûrement, d'être invité dans d'autres festivals à condition d'inviter les amis de...
Je balançais un article, redoutant qu'il en faudrait plus à un ami de Daniel Maury pour perdre ses subventions, redoutant d'autres éditions de ce festival...

J'ai continué à suivre, à lire le dossier de presse... sans forcément réagir...
2008 : « *Henri Courseaux préside le festival de la chanson de Montcuq et en élabore chaque année la programmation artistique.* » Ce qui semblait signifier : ne le critiquez pas, sinon vous êtes grillés !
2009 : « *Cette année, autour du président fondateur comédien chanteur de ce festival, Henri Courseaux, deux chanteuses sont invitées : Valérie Ambroise et Christelle Chollet. Trois manières de chanter très personnelles, particulièrement riches et sensibles.*

74

Une chanson française telle qu'on aimerait l'entendre un peu plus... »

2009, on reprend les têtes de 2005 et on ressert les plats. Même si en 2006, 2007 et 2008 Henri Courseaux ne s'est pas retenu à l'affiche, pareille dérive me semblait devoir couper les subsides. Surtout que son camarade Maury avait démissionné de la mairie, tout en continuant certes ailleurs où ses facultés atteintes pouvaient sûrement suffire...

2009 : « *Henri Courseaux ouvre les festivités.* » Tintintin !

Photo au titre évocateur dans le dossier de presse : « *Une bande de copains avec toute la diversité que cela peut comporter, voilà le secret d'une bonne équipe !* »

Impression : gens âgés veulent imposer leurs idées de "la chanson à texte..." Ils ont trouvé un bon plan, se font un petit festival d'amis...

Leur association gère également, ce qui est tout à son honneur « *Montcuq à Paris* »... où là le Courseaux semble encore plus accroché à la tête d'affiche. Exemple tiré du dossier de presse 2012 : « *Un rituel bien établi depuis plusieurs années que ce Montcuq à Paris. L'occasion, pour la cinquième fois, de réunir quelques-uns des artistes ayant fait les belles soirées du festival de la chanson à texte à Montcuq sur le plateau du XXe Théâtre, afin de régaler un public parisien enthousiaste et fidèle dans cette atmosphère si précieuse des cabarets d'autrefois. (...)*

Cette escale lotoise 2012 aura lieu le 3 décembre et permettra d'applaudir entre autres les talents de Anne Sylvestre, Agnès Bihl, Serge Utge Royo, Henri Courseaux avec la dynamique et ultra douée pianiste Nathalie Miravette. »

Dans le dossier de presse 2013 j'ai naturellement remarqué : « *Nous avons à déplorer la disparition de Daniel Maury notre ancien maire et conseiller général, homme de qualités si nombreuses et rares, qui fut un soutien fidèle, constant, amical, grâce à qui nous avons pu croître.*

Notre maire actuel Guy Lagarde, conscient de l'enjeu culturel et de l'image que véhicule pour la ville ce festival, maintient avec courage et fidélité le cap de cette bienveillance municipale.

L'aide de la région est quant à elle de plus en plus sujette à caution. »
Je n'ai jamais considéré Daniel Maury « *homme de qualités si nombreuses et rares.* » Inutile d'en rajouter, j'étais sûrement le seul à m'exprimer sans complaisance de son vivant.

Henri Courseaux « *a laissé* » la présidence à Rémo Gary, qui s'est déjà produit à deux reprises au Festival de Montcuq...
En avril 2014 la Vie Quercynoise notait « *À compter de septembre prochain, il animera, au Collège de Montcuq, un atelier d'écritures à destination des 4e. Ce nouveau partenariat avec le Collège, qui prête d'ailleurs ses locaux pour la tenue du Festival, pour la deuxième année consécutive, permet de faire découvrir la chanson à texte aux jeunes générations.* »
Ou plutôt l'art d'obtenir des subventions ?
Savez-vous trouver des sous, à la mode, à la mode...

2014. Je pourrais partager quelques phrases de son édito, au Courseaux. Je pourrais applaudir en lisant « *Unique dans son ambition : faire connaître et découvrir des interprètes ou auteurs-compositeurs-interprètes qui naviguent loin des lois du marché et des desiderata du show-business, à corps défendant, loin des radios et hélas loin même des supposés et improbables relais du service public.* »
Certes, même si ce lyrisme reflétait la réalité « *Unique dans son ambition* » témoignerait "simplement" d'un égo surdimensionné, occultant le travail d'organisateurs dont le but premier ne semble pas être de se servir d'un "festival" mais de le servir...
Rions carrément au paragraphe « *Ces artistes hors normes existent encore de nos jours, mais ne trouveraient plus à s'exprimer s'il n'existait des lieux qui perdurent grâce à l'enthousiasme de ceux qui les tiennent.* »
Pourquoi ? Il suffit d'observer l'affiche 2014 : trois têtes, dont le président-créateur et la fille du "néo-président."

Reconnaissons qu'ils ne masquent par leur éthique, le dossier de presse (mais qui le consulte ?) expliquant : « *Elle a de qui tenir puisque son père s'appelle Rémo Gary (en fait Rémy Garraud) et est une référence dans le monde de la chanson mais parfois il est difficile de sortir du cocon quand on est ainsi environnée mais ce n'est pas le cas de Jeanne Garraud qui a tout de suite trouvé sa signature et l'univers musical résolument qui lui convient.* »

Magnifique phrase bancale pour présenter la fille du nouveau patron du festival. Il a signé un contrat à sa fifille le gentil papa.
On découvre les enfants de ses amis ! Comme c'est mignon...
Comme son père, Jeanne Garraud fut déjà invitée... en 2008 par exemple... Je n'ai pas eu le courage de reprendre l'ensemble des communiqués...

Et en même temps, en édito de leur site, ce monsieur Courseaux ose prétendre « *10 ans que nous maintenons le cap de la qualité, à vous faire découvrir des artistes dont ne tiennent aucun compte les médias et qui sont pourtant les vrais représentants de la chanson actuelle exigeante et de qualité.*
Des artistes à la fois festifs, joyeux, profonds, insolents et libres, qui sont dans la ligne de continuité des Trenet, Brel, Barbara, Brassens, Ferré et de tant d'autres géniaux et moins connus, hors de toutes les contraintes du show-business. » Le cap Maury ?

Henri Courseaux est peut-être un brave gars ?... Il fut d'ailleurs invité à la bibliothèque locale et intercommunale (vous l'aviez deviné : ce ne fut jamais mon cas et après leur avoir dédié "*un livre de merde*" ce bouquin citoyen ne constituera même pas une raison supplémentaire à leur mesquine censure saluée d'un bras d'honneur... de la fontaine). Rémo Gary, une référence dans le monde de la chanson ?
Il faut parfois mettre le nez des subventionneurs dans ce qu'ils subventionnent. Oui, vous préférez soutenir ce genre de chansons assez légères (oh je sais, il y a toujours plus léger...)... J'ai lu quelques textes en documentation... Car Blondin par exemple chante du Ternoise, et ça, à Montcuq, vous ne l'entendrez pas ! Même à Montcuq élargi. Je lui ai conseillé de ne pas perdre son temps à envoyer un dossier. Comme à d'autres...

Cette association organisatrice attend sûrement avec impatience le doublement des subventions de Montcuq ! Elle est tellement utile à la chanson française de qualité...

Montcuq, c'est l'accès à la Culture pour les villageois ! Montcuq est un phare...

Montcuq c'est également "La Rue des enfants". Avec une autre association visiblement bien vue des subventionneurs. Donc même dans le spectacle enfants, n'attendez pas d'eux une représentation de "la fille aux 200 doudous", texte traduit en italien, espagnol, anglais, allemand mais sûrement pas assez bon pour les critères de ces gens-là...

Quand la rue est aux enfants, le nom de leur *dépêche* envahit Montcuq. Baylet recrute ainsi le lectorat l'électeur du futur ?

Dans cet organe de presse "indépendant" (oui, les mots ont encore un sens, en France), le 28 mai 2013 : « *L'année 2012 a consolidé le succès de cette fête joyeuse et populaire qui a atteint sa vitesse de croisière, avec 3.000 entrées sur deux jours. Il s'agit, dès 2013, de poursuivre la politique de qualité de l'évènement et d'amplifier son influence et son rayonnement.*

Seize compagnies venues de France, d'Italie et de Suisse, donneront dix-huit spectacles dans les jardins et sur les places du village : cirque sous toutes ses formes, théâtre, contes, marionnettes, danse, jonglerie, clowns musiciens, shows acrobatiques, spectacles sonores pour les tout-petits. Des fanfares endiablées en mettront plein la vue et les oreilles pendant le grand pique-nique. »

16 septembre 2014 : « *Le festival jeune public La rue des enfants a confirmé sa notoriété, avec 3 000 visiteurs sur le week-end. Sa présidente Nathalie Passemard nous explique les raisons de cet engouement.*

- Quelles sont les retombées d'un tel festival ?

- Il renforce les liens familiaux et sociaux. Le temps d'un week-end, il met la culture à la portée de tous les milieux, grâce à un prix d'entrée très modique. Un tel événement change le visage du territoire. » Il doit donc être changé depuis !

Ce qui n'empêche pas cette dépêche de titrer « *La Rue des enfants maintient le cap* » le 17 septembre 2015 avec « *le festival la Rue des enfants, qui s'est déroulé ce week-end à Montcuq, a confirmé sa notoriété avec 2 400 entrées.* »

Combien d'argent public dilapidé ? De nombreuses subventions, une page de partenaires, un prix d'entrée dérisoire « *Une participation de 4 € par personne vous est demandée à l'entrée (tarif unique). Les ateliers et les spectacles sont ensuite gratuits.* » Et pourtant, 2400 entrées seulement en 2 jours.

Il existe désormais également une association "Montcuq Patrimoine".

En mai 2015, leur dépêche écrivait « *Une nouvelle association, Montcuq patrimoine, vient tout juste de déposer ses statuts. Elle est présidée par Rosamund Williams, qui est par ailleurs conseillère municipale. «Conscients de l'importance pour nous tous du patrimoine de notre commune et du défi posé par la sauvegarde et la rénovation de nos bâtiments, nous avons voulu créer cette association. Elle a pour but le lancement d'un programme d'activités et des partenariats pour la récolte des fonds», explique Rosamund Williams.*
À ses côtés on trouve deux autres élus de la commune, Olivier Meynen, secrétaire, et Patrick Doche, trésorier. Le conseil municipal de Montcuq vient de signer une convention avec la Fondation patrimoine, un organisme national privé reconnu d'utilité publique, qui vise à promouvoir la connaissance, la conservation et la mise en valeur du patrimoine bâti de proximité. Cette fondation aidera l'association Montcuq patrimoine à lancer une campagne de mobilisation du mécénat populaire. »

Rien de choquant là-dedans ? Une association du conseil municipal ! Pour se faire connaître mais sûrement également pour soutenir la création, elle a organisé un concours de photos dont la présentation trônait le 29 juillet 2015 sur la table placée à l'entrée de l'église Saint Hilaire. Point 10 du règlement « *Photo concours expo les pierres de Montcuq* » : « *Le publique sera appeler à voter les trois meilleurs œuvres* ». [oui, quelques fautes peuvent m'être signalées dans ce livre rapidement mis en forme mais là, il s'agit du règlement du concours d'une association dont les liens avec le maire élu en 2014 sont flagrants] Dès le point 2 du règlement, ça devenait déjà difficile : « *Inscrirez-vous avant le 11 septembre par mail.* »

Inscrirez-vous ? Vous inscrirez-vous ? Non, je suppose !

Je pense être celui ayant le plus publié sur le patrimoine de Montcuq mais ces gens-là ne m'ont jamais contacté... Leur initiative témoigne sûrement d'un intérêt limité pour la littérature... Ils préparent un partenariat avec la bibliothèque ?

À côté de cette publicité au format A5, une autre incitait à adhérer à "Montcuq Patrimoine."

Ces gens-là seront sûrement encore plus subventionnés pour promouvoir le patrimoine du "grand Montcuq"... Vive la Kulture !

Rosamund Williams, Olivier Meynen et Patrick Doche ont naturellement voté pour l'absorption par Montcuq des bouseux le 29 septembre 2015... Ils s'intéresseront au patrimoine rural ?

Quelles belles images, quelles réussites pour Montcuq...

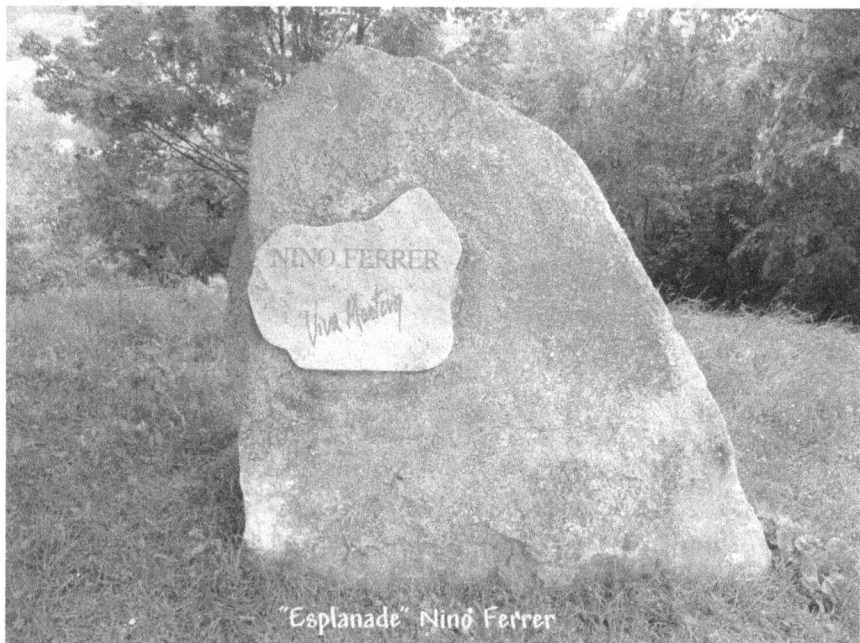

"Esplanade" Nino Ferrer

Il a sa vieille pierre, le chanteur engagé ! Comme Jack-Alain Léger, il a préféré abréger sa vie...

La bande des cinq sur le net

Mais qui sont ces maires ? Petite recherche sur le net…

Alain Lalabarde

Élu en 2014. Après Guy Lagarde, ayant eu l'opportunité de s'asseoir dans le fauteuil de maire fin 2008 suite à la démission de Daniel Maury pourtant élu en mars de cette année-là.

En septembre 2013, Charles Farreny, adjoint chargé de la Culture, s'est déclaré candidat à la mairie. Une liste prétendue d'union... Il semble avoir espéré qu'elle soit la seule.
« *Même si des initiatives positives ont bien été prises avec Guy Lagarde, plusieurs dossiers ont été retardés et certains n'ont pu être traités.*» L'édile semblait prié de lui offrir son fauteuil... Alors qu'officiellement l'installé réfléchissait à son avenir... Il s'inclina. Mais rebondissement : José Marty, premier adjoint, annonçait ne pas suivre... et créer sa liste... finalement, souhaitant "rester" numéro 2, il laissait la première place à un certain Alain Lalabarde. Duel. Un face à face même dans le siège de campagne.

Pour la première fois, Montcuq était fendu en deux. Alain Lalabarde l'emporta largement. Charles Farreny a-t-il connu un "choc de défaite" ?

« De Chauny à Montcuq, les élus augmentent leurs indemnités » Sur lefigaro.fr : « *La Dépêche relève ce lundi que le maire de cette commune du Lot vient de s'augmenter de 14% (190 euros de plus par mois, à 1520 euros mensuels). « Par rapport à la disponibilité et au travail » et parce qu'il « souhaite être un élu à temps complet », se justifie Alain Lalabarde (UMP) »* Alain Lalabarde est-il UMP et a-t-il conservé son augmentation ?

A. Lalabarde : « Je me sens bien à ma place » Publié le 30 décembre 2014 par leur Dépêche en ligne *« - Êtes-vous tenté par les élections départementales ? - Je ne vous le cache pas, on me l'a proposé. D'abord, je n'ai pas assez de recul sur la vie politique. Ensuite, je me suis présenté pour être maire, pas pour avoir un tremplin pour un autre mandat. Je suis déjà assez occupé avec la gestion de ma ville. »* L'UMP ou le PRG. Car le PRG semble le grand récupérateur d'élus. La suppléante remplaçante de Daniel Maury au Conseil Général s'était retrouvée avec cette étiquette... *« - Comment se porte-t-elle, votre ville ? - Lors des vœux du 10 janvier je présenterai une synthèse de la situation financière de Montcuq, qui nous permet une marge de manœuvre tout à fait correcte pour finaliser plusieurs projets à l'échelle du village. Ma priorité est de rendre la ville attractive pour le commerce, l'artisanat et le tourisme, et d'avoir les structures indispensables à la vie des habitants... »*

Marie-José Sabel

Wikipedia prétend que de mars 2001 à mars 2014 Pierre David fut maire de Ste Croix. Marie-José Sabel semble pourtant avoir été maire avant 2014.

« Marie-José Sabel défend la ruralité. » Publié le 3 février 2015 par leur *Dépêche* en ligne : « *Vice-présidente de la communauté de communes du Quercy blanc chargée du tourisme, Marie-José*

Sabel est aussi maire de la plus petite commune du Quercy blanc,
Sainte-Croix, qui compte 85 habitants. Entretien.
– Comment voyez-vous l'avenir de votre commune ?
– Bien sûr, je crains l'abandon des petits villages et de la ruralité.
Les petites communes comme la nôtre seront obligées de
s'adapter pour survivre. Mais je me battrai jusqu'au bout pour
faire vivre et animer ce village le plus longtemps possible. »
Jusqu'au 31 décembre 2015 ?

« – De quels moyens disposez-vous ?
– Notre budget de fonctionnement est de 52 111 €, sur lequel nous
arrivons à avoir un excédent de 5 000 € qui est viré à la section
d'investissement. C'est extrêmement serré. Nous avons pu enfouir
les réseaux grâce à l'aide de l'intercommunalité mais nous
devons faire très attention. Nous préparons la réfection de la
toiture de la mairie pour 2016. Nous arrivons malgré tout à faire
beaucoup de choses avec les moyens dont nous disposons. »
Eh oui, les petites communes ne dilapident pas l'argent de l'état
car elles n'en ont pas. Ce budget annuel n'aurait pas suffi à
réaliser une « pergola » genre celle de Cahors, devant l'office du
vin, du tourisme...
– Comment vous y prenez-vous ?
– Nous évitons au maximum le gaspillage. Il est toujours possible
de faire des économies et d'éviter les dépenses inutiles. Notre
association «Sainte-Croix loisirs» organise plusieurs animations
et nous avons recours au bénévolat et à l'entraide entre les
habitants. »
J'imagine les administrés préférer ce genre de fonctionnement au
mépris d'une « administration centrale » à « Montcuq en grand. »
Après de tels propos en fin janvier, ses administrés se considèrent
trahis par « Montcuq en Quercy Blanc » ?

Patrice Caumon

« Patrice Caumon : Chanteur, comédien, cabotin aux faux airs de
sérial killer, ex-punk à la voix de miel et aux textes à l'acide
satirique. »
Patrice Caumon... 31 décembre 1971 : naissance en Charente

Maritime. Ce n'est donc pas le maire de Valprionde mais il arrive en première position lors d'une recherche sur ce nom.

Je lui ai donc... écrit... naturellement en forçant le trait :

Monsieur Patrice Caumon,

Comme vous l'ignorez peut-être, votre homonyme lotois, maire d'un modeste village, Valprionde, est parvenu à le fusionner avec ses voisins, dont Montcuq. Oui, Montcuq, dans le Lot. L'ensemble devant devenir une commune nouvelle « Montcuq en Quercy Blanc » au 1er janvier 2016.

Selon quelques indiscrétions, Monsieur Patrice Caumon deviendrait maire de « Montcuq en Quercy Blanc »

Ainsi nous avons eu l'idée de vous inviter à Montcuq. Quelles seraient vos conditions ?

Un concert le 31 décembre serait intéressant.

Ou le 1er avril 2016. Ce qui permettrait une belle confusion locale... et nationale. Comme vous le savez, à Montcuq, nous avons l'habitude de capter l'attention nationale.

Qu'en pensez-vous ?

Patrice Caumon le chanteur serait-il d'accord pour rencontrer Patrice Caumon le maire de Montcuq en Quercy Blanc ?

Naturellement, Montcuq fait souvent sourire. Donc nous vous fournissons quelques liens à l'appui de ces informations :

Patrice Caumon maire de Valprionde :
http://www.valprionde.com/mairie.html

Le projet du « grand Montcuq » et la promotion de notre Patrice Caumon : http://www.montcuq.info/forummontcuq103.html

Amitiés...

Un troisième Patrice Caumon, également plus connu que "le notre" existe. Il a signé en 2009 un sûrement succulent « *Les plats qui font péter : 36 recettes propres à incommoder vos ennemis ou se débarrasser des fâcheux.* » Le cadeau idéal dans notre région.

Le Patrice Caumon de l'avènement de Montcuq-en-Quercy-Blanc est devenu maire de Valprionde en 2014. Son beau-père Jacques

Alis l'avait été de 1977 à 1995. Sa candidature a suscité la création, inédite, d'une seconde liste, certes incomplète et sans élu. Des phrases du genre « *des réalités économiques qui s'imposent à nos modes de gestion* » ont rapidement créé une fissure dans la confiance. Augmentant dès son arrivée les impôts et réduisant les points de collecte des poubelles, il a pourtant réussi à obtenir une présence médiatique nettement supérieure à celle de ses voisins.

En avril 2014, leur Dépêche le présentait « *Biologiste de formation, diplômé d'HEC Paris (CPA), patron de la filiale Veedol France du groupe Castrol, puis directeur de Renosol CA (groupe Vivendi), fondateur de deux sociétés, consultant, Patrice Caumon, 62 ans, nouveau maire de Valprionde, a un solide CV.* »

Et l'interrogeait : «- *Pourquoi avez-vous choisi de vous engager ? - Après une carrière passée en Île-de-France, je suis revenu il y a 18 mois à Valprionde, le pays de mon enfance. Je me suis engagé par amour pour ce village, peut-être aussi par défi. Il faut faire bouger les choses, lutter contre l'immobilisme.* »

Il aime ce village ?! S'en sent-il DRH ou maire ? **Il apparaît comme l'homme clé de cette fusion** (qui tire les ficelles se demandent les sceptiques ?). Quelles sont ses réelles motivations ? Un libéralisme technocratique appliqué à la gestion publique, saupoudré de bonnes intentions et persuadé de son impunité pour les dégâts futurs ? Un accompagnateur de « la modernité », sûrement jamais pris en lapsus de Vivendi ou Véolia à la place de Valprionde ? S'il avait annoncé ses intentions en 2014, aurait-il été élu ? Il a refusé, le 18 septembre 2015, l'organisation d'une consultation publique, redoutant peut-être qu'elle dérive en vote sanction. Beaucoup ont espéré qu'il mette ses compétences, ses connaissances, au service de ce village. Les maires ne semblent jamais y avoir été très populaires. Ainsi, Michel Castagné, de 1995 à 2008, considéré comme un très proche de Daniel Maury, a terminé son mandat en imposant la solution Alsatis d'Internet prétendu haut-débit, déjà sans concertation locale, mais Patrice Caumon a peut-être, en quelques mois, battu tous les records d'impopularité locale, même si aucun baromètre ne la mesure. Néanmoins son conseil municipal l'a suivi, une seule absence et une seule abstention étaient à signaler « le jour du vote de la mort. » Les conseillers municipaux le considèrent encore comme un visionnaire ou le fatalisme du « on ne peut faire autrement » prévaut ? L'incertitude est déjà une réponse.

Bernard Roux

Bernard Roux, né en 193?... wikipedia ignore l'année... Bon, les lotois ne contribuent sûrement pas... En plus il né à Lyon... publicitaire français, cofondateur en 1991 d'Euro RSCG.
Il a quitté cette société en 1992 pour créer sa propre agence, RLC, aujourd'hui Opéra-RLC, avec Christophe Lambert et Thierry Consigny. Est-ce le même ?

Donc une recherche "Bernard Roux Lebreil". Leur *dépêche* du 27 décembre 2013 : « *Lebreil. Le maire fait le point sur les projets en cours.* » : « *Le maire Bernard Roux, entouré de son conseil municipal, avait convié les habitants de Lebreil dimanche 22 décembre pour leur présenter ses vœux et dresser le bilan de l'année écoulée.* »
Fêter la nouvelle année un 22 décembre, il faut bien cela, quand on n'est qu'une modeste commune, pour obtenir un article dans leur Dépêche ?! Une photo : ce n'est pas le pote de Christophe Lambert. Peut-on être poteau de P. Caumon et C. Lambert ?
« *...les projets en cours, dont plusieurs affichent un retard assez conséquent. La restauration de l'église de Caminel n'est pas encore terminée.*
Le projet s'élève à 21 600 € HT, subventionné à hauteur de 60 %.
L'extension du réseau d'eau, chiffrée à 22 000 € HT, bénéficie aussi de subventions, et là aussi les entreprises ont pris du retard, de même que pour les travaux de renforcement du réseau électrique.
Une enveloppe de 22 000 € a été consacrée à l'entretien de la voirie. Un chemin de randonnée, qui fait une boucle de 7 km en circuit fermé depuis Lebreil, a été rouvert... »

Et y'avait Bernard Borredon, ès président de la Communauté de Communes de Montcuq... Daniel Maury avait quitté le poste...
« *Il a redit tout le mal qu'il pensait du nouveau découpage cantonal et de la fusion du canton de Montcuq avec celui de Luzech, dont les limites ne correspondront pas à celles de la nouvelle intercommunalité.* » Donc il fut réélu en 2014...

Guy Vidal

Guy Vidal journaliste et scénariste français, né le 8 juin 1939 à Marseille, débute à 17 ans aux côtés de Roland Faure. Encore un Faure. Qui finira comme Félix ? Non, ce n'est pas "notre" maire, il est mort le 4 octobre 2002. Comme les Blaireaux, changez de nom, messieurs les maires ! Ou ajoutez une particule. Patrice du Caumon, Bernard de la Roux, Guy de Vidal...

Guy Vidal Belmontet... Vacances en gîte de France. « *Belmontet, à 5 km de Montcuq (Lot)* » [un *s* serait encore préférable, monsieur le maire] Vous pourrez bientôt écrire, dans un trou de Montcuq, sur votre site, monsieur le maire. Et Nino Ferrer le sud accompagne la page d'accueil. Faudra demander à la sacem si vous payez les droits de diffusion...

Il n'y a sûrement pas deux Guy Vidal à Belmontet...
« *Les locations se font du samedi 16h00 au samedi 10h00* »
« *Le paysage est ici très pittoresque avec des plateaux portant des pâturages et des parcelles céréalières, vignes, des friches de genévriers et des bois de chêne. Son sol crayeux du Quercy Blanc et ses maisons aux toits de tuiles rondes lui donnent un caractère méridional...* »

Moyenne saison / saison non définie : 380 euros. Haute saison et Très Haute saison, prix non notés. Il devrait avoir les moyens d'acheter ce livre. Et les autres !? Pour montrer à ses vacanciers, par exemple. « *Les animaux ne sont pas admis.* »

Ah, un article de leur dépêche de mars 2014. « *Belmontet. La liste de Guy Vidal* ».
« *Répondez à une question rapide avant de pouvoir accéder à cet article* ». « *- Êtes-vous un fan de sport ?* »

Allez vous faire foutre, Baylet, Pinel et compagnie ! (parfois l'exaspération dérive en pensées indécentes mais elles ne sortent pas de ma bouche)

Clic droit de la souris : afficher la source. Dans ces cas-là, lisez la source du document.

« Guy Vidal, 55 ans, responsable de maintenance immobilière, maire sortant de Belmontet, est en lice pour un troisième mandat, à la tête d'une liste d'union « au service d'une seule cause, la commune et ses habitants ». »

Avec cinq élus sortants : Jocelyne Mathieu, 66 ans, retraitée ; Dominique Dargère, 57 ans, naturopathe ; Jean-Michel Deleu, 57 ans, agriculteur ; Bernard Souques, 57 ans, agriculteur ; Roland Barres, 52 ans, agriculteur.

Et cinq nouveaux : Yves Maitreau, 60 ans, commerçant ; Maurice Quebre, 50 ans, technicien estimateur ; Yannick Lapèze, 46 ans, technico-commercial ; Thierry Boudet, 44 ans, assistant familial ; Philippe Gerdolle, 40 ans, agriculteur.

Un an après s'être présentés *« au service d'une seule cause, la commune et ses habitants »* ils stoppent l'histoire de leur bled...

Rouillac   Belmontet

Lebreil (Caminel)
Le Saint lotois Perboyre, crucifié en Chine

Qui sera crucifié ?

Les sacrifices

Manuel Valls, ès Premier ministre, a choisi un journal espagnol, *El Mundo* (qui l'avait sacré « *homme de l'année* » ; Patrice Caumon sera sacré homme de l'année à Montcuq ?) pour lancer sa bonne nouvelle le 29 décembre 2014 : « *Je ne veux pas dire aux Français que, d'ici deux à trois ans, nous en aurons fini avec les sacrifices.* »

Durant ces "quelques mois" : « *Nous devons faire des efforts pendant des années pour que la France soit plus forte, pour que ses entreprises soient plus compétitives et pour que son secteur public soit plus efficace, avec moins de coûts et moins d'impôts.* »

Il n'a donc pas encore vu que certains s'en mettent plein les poches ?... Ou c'est ça, être de gauche ?

En février 1995, un certain Eric Dupin, dans une analyse publiée par *Libération*, certes sans grande imagination ni "visionnaire", où Edouard Balladur figurait en grand favori des présidentielles, notait, et je l'exhume uniquement pour le côté "résumé de l'époque" :

« Les atouts contradictoires de Jospin.

Le candidat socialiste a l'avantage d'être, dès l'aube de sa campagne, le champion identifié de la «gauche mesurée», autant ouverte que modérée. Il réussit également à décrocher la première place des intentions de vote dans deux autres catégories de la gauche plus râleuse, que le PS avait finit par dégoûter dans une assez large mesure.

C'est le cas de la «gauche de résistance», accrochée à ses acquis sociaux et qui ne veut plus entendre parler de la ritournelle des sacrifices censés préparer des lendemains chantants, où Jospin devra tout de même repousser des concurrences venant de sa gauche comme de sa droite. Un exercice du même ordre mettra le candidat socialiste aux prises avec les états d'âmes bien compréhensibles de la «gauche désabusée». »

Edouard Balladur, c'était l'homme qui, dès son arrivée à

Matignon en 1993, demanda des sacrifices « *à tous les Français* » en précisant « *nous essayerons qu'ils soient équitables et bien répartis, mais nous n'avons pas le choix* ». Qui le croyait ?
20 ans plus tard, nous en sommes toujours là ! Valls, le Balladur de la gauche ?

La crise continue ! (pas pour tout le monde) Il faut sacrifier les villages durant la période des grands sacrifices. Mais ils ne réapparaîtront jamais... Passés à la trappe... Sauf si...

Scène du Quercy selon la bergère

Du livre « *j'aime les moutons, les vrais.* »

Certains n'oseront peut-être même pas l'acheter ce livre, de peur que leur maître le sache ! Pour d'autres, de toute manière, ça ne changera rien. La plupart ne lisent pas...

91

Madame la préfète plus rapide que nos maires ?

Madame la préfète est missionnée. Elle doit mettre en œuvre les décisions législatives, les orientations de la loi NOTRe...

De son chapeau automnal (octobre) la préfète a sorti « *un scénario à cinq intercommunalités.* » Abracadabra ! Passons de 12 à 5...

Elle est intervenue devant la « Commission départementale de coopération intercommunale du Lot », madame Catherine Ferrier, la CDCI. Apprenons les sigles si nous ne voulons pas rester pommés, paumés.

Elle y aurait déclaré : « *J'ai étudié plusieurs scénarios. Le premier privilégie les bassins de vie mais conduit à l'éclatement des intercommunalités actuelles ; le deuxième préserve au maximum les communautés actuelles mais ce scénario aboutit à un paysage très déséquilibré risquant d'accentuer les effets de polarisation de l'activité économique et de limiter le développement des services aux personnes ; le troisième recompose, de manière plus ambitieuse, pérenne et équilibrée la coopération interco autour de cinq ensembles.* »

Onze communautés de communes, une communauté d'agglomération (Cahors) deviendraient « *5 intercommunalités de 20 000 à 50 000 habitants.* » Madame la préfète aurait ajouté : « *avec une assise financière pour peser dans la future grande région.* » Sourire ?

Ce qui donne :

- La communauté d'agglomération du Grand Cahors avec la communauté de communes du pays de Lalbenque-Limogne. On peut parler d'absorption.
- Grand Figeac et Haut-Ségala. On peut parler d'absorption.
- Communautés de communes de Causses et Vallée de Dordogne, de Cère-et-Dordogne et du pays de Sousceyrac. Le nord, quoi.
- Cazals-Salviac, Quercy Bouriane et Causse de Labastide-Murat.
- Vallée du Lot et du Vignoble et Quercy blanc.

L'arrêté définitif sera pris au plus tard en décembre 2016. Objectif : nouvelle donne au 1er janvier 2017. Chacun doit donner son avis. Même les citoyens ? Ou : ils ont voté en 2014 et ensuite l'état fait ce qu'il veut ? Les élus ont jusqu'au 15 décembre ! Avant une synthèse « *adressée le 1er janvier 2016 aux 40 membres de la CDCI.* » Réunion de la CDCI le 15 janvier (avec la galette ?) puis autres réunions... Et il faudra 2/3 des votes (27 sur 40) pour valider le nouveau schéma.

Nouvelle donne au 1er janvier 2017 ? Et dans les urnes présidentielles, le peuple exprimera son mécontentement ? On se demande "parfois" si le Président de la république a d'autres objectifs que de créer une situation où il se retrouvera en 2017 au second tour face à Marine Le Pen et alors « défendra la République. » Comme Chirac en 2002. « *On en est là, acte 2* » : Jack-Alain Léger ayant choisi le suicide, il n'écrira pas ce livre.
Notre agitation montcuquoise est bien dérisoire face « aux vrais enjeux. »

Dans cet ensemble, quel avenir pour les zones rurales ? Dépotoir des villes ? Et encore un peu plus de pouvoir pour "les grands élus urbains."

Madeleine de Lebreil

Jeanne D'Arc
Église Saint Privat

93

L'actualité nationale continue...

Le monde ne s'est pas arrêté pour observer les péripéties de Montcuq. Soudain un DRH d'Air France fit la une...

Le peuple était sommé d'exprimer sa compassion au notable photographié la chemise arrachée, s'échappant en passant au dessus d'un grillage, avec certes quelques colosses pour l'escorter...

Quelle violence inacceptable, extraordinaire, insoutenable ! L'image de la France est en jeu. 2900 suppressions d'emplois, ce n'est rien, mais la chemise d'un DRH...

Merci à Jacques de m'avoir transmis :

Violences à Air France : JAURES REPOND À VALLS

« Le patronat n'a pas besoin, lui, pour exercer une action violente, de gestes désordonnés et de paroles tumultueuses ! Quelques hommes se rassemblent, à huis clos, dans la sécurité, dans l'intimité d'un conseil d'administration, et à quelques-uns, sans violence, sans gestes désordonnés, sans éclats de voix, comme des diplomates causant autour du tapis vert, ils décident que le salaire raisonnable sera refusé aux ouvriers ; ils décident que les ouvriers qui continuent la lutte seront exclus, seront chassés, seront désignés par des marques imperceptibles, mais connues des autres patrons, à l'universelle vindicte patronale. [...] Ainsi, tandis que l'acte de violence de l'ouvrier apparaît toujours, est toujours défini, toujours aisément frappé, la responsabilité profonde et meurtrière des grands patrons, des grands capitalistes, elle se dérobe, elle s'évanouit dans une sorte d'obscurité. »

Jean Jaurès, discours devant la Chambre des députés, séance du 19 juin 1906.

Avant, j'avais imaginé des paysans, des manants du Quercy Blanc, s'en prendre ainsi au « club des cinq. » L'imagination devrait peut-être passer dans la liste des délits !

On a déjà connu cela, la révolte des gueux, ici... Ils ont même brûlé les documents des privilégiés, pour en finir avec la féodalité... Vous l'ignoriez ? Un peu d'histoire serait donc nécessaire ? Celle de l'abbé Solacroup de Lavaissière, prieur d'Escamps en Quercy. Un homme ayant bien connu "nos" cinq communes. Mais aucun maire n'est allé le sortir de l'Histoire pour enrober son dossier de cohérence... Je doute d'ailleurs que ces maires se soient un jour souciés de rechercher des documents sur cette période. La Révolution ? Mais la féodalité et les privilèges sont depuis longtemps réinstallés ! Nous pouvons célébrer la nuit du 4 août 1789 tout en laissant la voie dégagée aux maires dans leur prétention à collecter l'impôt pour ensuite avoir les moyens de subventionner des associations amies et autres curiosités...

La "commune nouvelle" ne souhaite pas piéger les villages

Nos villages durant les années de la Révolution

Un peu d'histoire avant de disparaître ? Une commune qui ne s'intéresse pas à son passé mérite de disparaître ? Que fut notre territoire avant ? Un comté du seigneur de Montcuq ?

L'histoire locale ne semble pas intéresser les conseils municipaux. J'ai par exemple abordé celle de Valprionde. Sans susciter de réelle réaction d'attention. Aucun maire n'a impulsé l'envie de rechercher et écrire ce passé. Naturellement, les citoyens peuvent également s'organiser en associations. Il n'existe actuellement dans ces communes, aucune association sensible à cette démarche.

J'ai essayé de m'intéresser à ces lieux où j'ai choisi de vivre... Plusieurs livres... Certes, on peut parfois avoir l'envie de quitter cet endroit et de fermer les sites...

Le 16 février 1307, le senhor Arman de Montagut, seigneur de Montagut, reçut l'hommage devant Monseigneur Bernat de Coychels, recteur de l'église de Valpreonde et noble duc de Coychels... La plus ancienne date connue de l'existence de la communauté (dans mes recherches).

L'histoire de M. de Bellile de Jaubert, narrée en 1894 par P. HÉBRARD, vicaire général, s'achève à Valprionde... Petite plongée dans notre dix-septième et dix-huitième...

M. de Bellile de Jaubert... « Après quelques années de la vie douce et paisible du canonicat, il échangea ce bénéfice contre un autre qui parut sans doute lui offrir plus d'avantages, le prieuré de Valprionde, dans la juridiction de Lauzerte, en Quercy.

Saint Sulpice de Valprionde était un prieuré séculier et simple, c'est-à-dire sans charge d'âmes. Il avait deux annexes, Saint-Caprais de Soussis et Saint-Aignan, desservies l'une et l'autre par le curé de Valprionde. Le prieur avait donc à prélever des revenus sur Saint-Aignan et Soussis, aussi bien que sur Valprionde. Quelques actes de cette époque nous permettent d'établir d'une manière assez précise à combien montaient ces revenus.

Le 13 juin 1688, une transaction avait été faite entre le prieur décimateur, Jacques-François Sussol de Valois, docteur de

Sorbonne et M. Bertrand Montillet, aussi docteur en théologie, curé de Valprionde, pour mettre fin aux contestations qu'avait soulevées la déclaration du roi du 29 janvier 1686. Il était réglé qu'à l'avenir le curé jouirait de tout ce qui lui avait été attribué jusqu'à ce jour, et qu'en outre il aurait le tiers de tous les fruits et grains décimaux qui se percevaient dans les paroisses de Valprionde, de Saint-Aignan et de Saint-Caprais de Soussis, avec toute la dîme du vin, carnelage, dîme verte, rente, prés et terres, sans avoir à supporter aucune charge, imposition, ni décimes ordinaires ou extraordinaires ; les décimes du curé incombaient au prieur, mais le curé était tenu de pourvoir au service desdites paroisses et de payer les honoraires des vicaires et tous les autres frais (1).

Ces conventions furent exactement observées jusqu'en 1735. A cette époque, il s'éleva de nouvelles difficultés entre le prieur, qui était M. Adrien de Laborde, prêtre du diocèse de Paris, bachelier en droit, prieur et seigneur de Monsempron, et le curé M. Guillaume Neyrit, docteur en théologie. Celui-ci revendiquait le droit de réclamer les novales (2). Le prieur, au contraire, alléguait qu'elles lui étaient expressément refusées par l'accord de 1688. La querelle s'envenima, et on allait entrer en procès, lorsque de sages conseillers proposèrent de s'en remettre à la décision de noble Jean-Pierre de Laboudie de la Gebertie, docteur en théologie, official du métropolitain et curé de Pérvillac et de Belvèze, au diocèse d'Agen. L'arbitre choisi d'un commun par les deux parties régla que désormais le prieur prélèverait d'abord à la pile commune, sur le sol de Valprionde, vingt sacs de froment, mesure de Montaigut, et que, pour la paille et le reste des grains recueillis dans la dépendance du prieuré, et dont la levée se ferait à frais communs, chacun en prendrait la moitié. Le blé devait se prendre sur le sol et les autres grains là où l'on avait coutume de les prendre. A ces conditions, le curé était tenu de payer les honoraires des vicaires, de pourvoir au service divin, à tous les frais du culte, à l'entretien et aux réparations jugées nécessaires dans les trois églises, et de supporter toutes les charges, dîmes et impositions présentes et à venir. De plus, le curé renonçait à toute sorte de novales ouvertes ou à ouvrir ; mais, outre la moitié des grains qui devait lui revenir, il continuait à jouir, comme il l'avait fait par le passé, de tout le vin, carnelage, dîme verte, rentes, prés et terres (3).

Les prieurs de Valprionde avaient coutume d'affermer à des tiers leur part de revenus. Nous trouvons dans les papiers de Bellile de Jaubert un bail consenti le 12 juin 1771 par un prieur dont le nom est bien connu dans l'histoire religieuse de l'Agenais, M. Henri Argenton, au sieur Pierre Mourgues de Saint-Pierre, habitant de la ville de Tournon. Cette ferme, dit l'acte notarié, demeure faite pour six années, qui commenceront par la récolte de la présente année, et pour le prix de dix-neuf cents livres pour chacune desdites six années, payable annuellement dans cette ville (d'Agen) audit sieur Argenton, savoir la moitié de ladite somme aux fêtes de Noël prochain, et l'autre moitié aux fêtes de Pâques d'après ; et continuer semblables payements à pareil jour de chaque année pendant le cours du bail, sans qu'un pacte attende l'autre. On prévoit dans l'acte les quatre cas fortuits de grêle, feu du ciel, gelée dans le courant de mai et guerre actuelle sur les lieux. S'il survient un de ces cas, le fermier devra le dénoncer au prieur dans les dix jours ; ce délai expiré, il n'aura plus droit à aucun rabais. Si quelque habitant refusait de payer la dîme, le fermier ne pourrait l'assigner qu'en son propre nom, et jamais au nom du prieur, à moins d'avoir obtenu son consentement écrit.

Telle était la situation du prieuré de Valprionde, lorsque, en 1773, il y eut permutation de bénéfice entre Henri Argenton, qui le possédait depuis le 25 août 1756 (4) et Bellile de Jaubert, chanoine de la Collégiale de Saint-Caprais. L'acte, passé devant notaire le 7 novembre 1773, porte que l'un et l'autre « ont déclaré que leur intention est de se démettre comme ils se démettent purement et simplement, entre les mains de Mgr l'Evêque d'Agen, savoir ledit sieur Bellile de Jaubert du canonicat et prébende majeure dont il est pourvu dans ladite église Saint-Caprais en faveur dudit sieur Argenton ; et ce dernier dudit prieuré simple et séculier de Saint-Sulpice de Valprionde et de ses annexes Saint-Aignan et Saint-Caprais de Soussis, dont il est titulaire, en faveur dudit sieur Bellile de Jaubert, pour cause de permutation vraie et canonique entre eux faite de leurs dits bénéfices comme bénéfices de bénéfice paisible à bénéfice paisible et n'étant chargés l'un ni l'autre d'aucune pension ; consentant réciproquement que toutes provisions nécessaires aux fins susdites leur soient accordées par mondit seigneur l'Evêque d'Agen ; lesdits sieurs Bellile de Jaubert et Argenton jurant et affirmant qu'en ce dessus il n'est intervenu ni n'interviendra aucun dol, fraude, simonie ni autre convention illicite et réprouvée par les saints canons. »

Au lendemain de cet acte de permutation, le 8 novembre, l'abbé de Bellile de Jaubert reçut de M. Passalaigue, vicaire général, le titre par lequel il était investi du prieuré de Valprionde et trois jours plus tard, le 11 novembre, il se présentait, accompagné des notaires de Valprionde et de Tournon, dans chacune des trois églises de Valprionde, de Saint-Aignan et de Saint-Caprais de Soussis, et y faisait tous les actes requis et nécessaires pour la prise de possession de ce bénéfice.

Le prieuré n'obligeant pas à la résidence, puisqu'il n'impliquait pas la charge des âmes, Bellile de Jaubert revint habiter auprès de sa famille, dans le domaine de Cabirol. C'est là qu'il recevait régulièrement, deux fois l'année, de son fermier Mourgues de Carrère, négociant à Tournon, par l'entremise de MM Marraud-Dupon frères, de Castelmoron, le prix convenu dans l'acte de ferme. C'est de là aussi que tous les ans il faisait parvenir à M. Pierre Passalaigue, receveur des décimes du diocèse d'Agen, la somme de 333 livres, 1 sou, 9 deniers pour sa part des impositions faites sur le clergé.

M. de Bellile de Jaubert ne jouit pas longtemps des avantages que lui procurait sa nouvelle prébende. Il mourut le 12 décembre 1775, à l'âge de soixante-quatre ans (5), et fut inhumé à Saint-Pastour, dans une chapelle de l'église paroissiale qui était la propriété de la famille et qu'on appelait pour cette raison la chapelle des Jaubert. »

P. HÉBRARD, VICAIRE GÉNÉRAL.

Il suffirait de quelques modifications, avec mairies, intercommunalités, et nous pourrions presque nous demander si les mœurs ont vraiment évolué, s'il y eut vraiment une abolition de la féodalité et des privilèges. Avec dans le rôle de l'évêque d'Agen, notre préfète du Lot ? République, où es-tu ? Démocratie ? Ohé ?...

(1) Le 27 septembre 1683, Bertrand Montillet, qui avait le service des trois églises de Valprionde, de Saint-Aignan et de Saint-Caprais de Soussis, avait renvoyé son vicaire, Jean Albengue, et refusait d'en prendre un autre. Toutes les fonctions curiales ayant été supprimées dans l'église de Saint-Aignan, les paroissiens se plaignirent à l'évêque d'Agen, et constituèrent pour leur syndic Jean Demeaux, avec mission de présenter leur requête devant la Congrégation. Le curé fut sommé d'y comparaître par ordonnance du 19 octobre ; et après avoir entendu les réquisitions du syndic et les conclusions du promoteur du diocèse, les vicaires généraux, Paul Robert de Saint-Amans et Pierre-Etienne Collier, réunis en Congrégation, enjoignirent à Montillet de reprendre dans la quinzaine, et de faire en personne ou de faire faire par un vicaire régulièrement approuvé, le service divin et toutes les onctions curiales dans l'église paroissiale de Saint-Aignan ; faute de quoi, il y serait pourvu aux dépens dudit curé. Ordonnance du 5 novembre 1693.

(2) On entendait par novales les dîmes qui se percevaient sur les terres qui, après avoir été longtemps en friche, étaient depuis peu de temps livrées à la culture.

(3) Cette transaction est du 8 juin 1735.

(4) M. Argenton était prébendé de l'église cathédrale de Saint-Etienne, lorsqu'il fut nommé au prieuré de Valprionde, vacant par le décès de M. Adrien Laurent de Laborde. L'un des témoins qui ont signé sa prise de possession est Pierre Vezins de Le Bezou, prêtre et curé de Valprionde. Cet ecclésiastique était probablement un membre de la noble et pieuse famille qui devait plus tard donner au diocèse d'Agen un saint évêque dans la personne de Mgr de Levezou de Vesins.

(5) M. de Bellile de Jaubert eut pour successeur dans le prieuré de Valprionde M. Jean-François Caulet, prêtre du diocèse de Pamiers,

licencié en théologie de la Faculté de Paris, chanoine de la Cathédrale d'Agen, archidiacre archidiacre de Marmande et vicaire général de Mgr d'Usson de Bonnac. Celui-ci posséda ce bénéfice jusqu'en 1789.

Quant au peuple d'alors, on n'en parle guère dans ces transactions ecclésiastiques. On retrouve dans notre République cet atavisme d'inféodés ? On retrouve dans notre République ces rentes ? Ces échanges ?

M. Jean-François Caulet nous ayant amené jusqu'en 1789... Quelques mots sur l'abbé Solacroup de Lavaissière, prieur d'Escamps.

Dans sa séance du 27 Octobre 1918, la *Société des Lettres, Sciences et Arts de L'Aveyron* donnait la parole à M. Henri Guilhamon pour une lecture... Les anciens se souviennent ?

Le jeune auteur débutait par « *L'abbé Guillaume Solacroup de Lavaissière, prieur d'Escamps en Quercy, auteur d'un Projet de Nobiliaire de Haute-Guienne et de quelques brochures d'histoire, est né le 18 novembre 1732, au château de Monplan, dans la paroisse de Valprionde, sur les confins de l'Agenais et du Quercy. Son père Jean-Baptiste Solacroup, sieur de Lavaissière, appartenait à une famille de vieille bourgeoisie, venue du Rouergue..*»

Il précisait en note : « *C'est en 1454 que Pierre Solacroup reçut en fief de la baronne de Luzech, Fine de Rozet, dame de Lastours, le domaine de Ladevie [commune de Belmontet, canton de Montcuq-Lot]. Pierre Solacroup testa à Ladevie en 1459 et laissa 14 enfants vivants. Ladevie est resté la propriété de la branche aînée de la famille Solacroup jusqu'à son extinction en 1861, en la personne de Marie-Jeanne-Paule Solacroup de Ladevie, veuve du chevalier de Testas de Folmont, ancien député du Lot ; cette branche est encore représentée par les familles de Folmont, de Flaujac, de Gérard du Barry, Légier-Desgranges. Au XVIIe et au XVIIIe siècle, des cadets avaient fondé des branches collatérales dont les principales furent :*
- *Le rameau de Lavaissière, établi au château de Monplan,*

auquel appartenait l'abbé de Lavaissière. Ce dernier avait eu sept frères ou sœurs. La sœur aînée, Anne, mariée au sieur Bach, laissa au moins une fille, Antoinette, mariée en 1770 au sieur Jean Guilhamon, dont un petit-fils, Jean-Médard Guilhamon (1817-1881) épousa Françoise Solacroup (1824-1903) une des dernières descendantes de la branche des Solacroup-Valprionde. Du frère cadet de l'abbé de Lavaissière, Antoine Solacroup de Latour, marié à Françoise de Puniet de Montfort, descendent des familles de Lavaur-Charry, de Rauly, de Lacarry, de Grandsaigne d'Hauterives, de Laburgade de Belmont, de Chaunac-Lanzac, d'Hoste, etc.

- Le rameau de Valprionde, établi en 1753 au domaine de Pailhas, encore représenté par M. Edouard Solacroup, propriétaire au château du Rocal (Lot-et-Garonne), et les familles Guilhamon, Bosq, etc.

- Le rameau de Bazerac, auquel appartenait M. Antoine Solacroup (1821-1830), commandeur de la Légion d'honneur, directeur des Chemins de fer de la Compagnie d'Orléans ; il est représenté actuellement par M. Emile Solacroup, officier de la Légion d'honneur, ingénieur en chef du matériel et traction de la Compagnie des chemins de fer d'Orléans. »

Aucune remarque sur une parenté de l'auteur Henri Guilhamon (1892-1984) avec le personnage auquel il s'intéresse. On peut néanmoins la supposer...

Mais quand en 1933 et 1934, Henri Guilhamon publie, via "*la Société des études du Lot*", il précise :
« *J'ai déjà publié une courte notice de l'abbé de Lavaissière à Rodez, chez Carrère, en 1918. De nombreux renseignements recueillis depuis m'ont permis de rectifier un certain nombre d'erreurs et de mieux faire revivre la personnalité de cet historien.* »
Il débute ainsi par « *Voici deux siècles révolus que naissait sur la toute petite paroisse de Saint-Amans de Cabremorte, à mi chemin entre Montcuq et Lauzerte, l'abbé Guillaume Solacroup de Lavaissière, qui s'acquit à la fin du XVIIIe siècle, une certaine*

notoriété par ses études d'histoire locale et ses recherches généalogiques... »

Il précisait en note des éléments essentiels pour "notre territoire" :

« *L'église Saint-Amans de Cabremorte fut désaffectée en 1791. Elle se composait d'une petite nef rectangulaire terminée par une abside en demi-cintre. Il ne reste plus aujourd'hui que quelques pans de murs. Elle est isolée dans la vallée de la Barguelone, tout au bord du ruisseau, non loin de la route de Montcuq à Lauzerte et de la borne-limite des deux départements du Lot et du Tarn-et-Garonne.* »

Sur la date de naissance, c'est finalement 1733. En précisant : « *Nous ignorons le jour et le mois de sa naissance car les registres de catholicité de sa paroisse natale sont perdus pour cette période.* »
Intéressante note : « *Les registres de Catholicité de la paroisse de Saint-Amans de Cabremorte étaient conservés, il y a une dizaine d'années, à la sacristie de l'église de Caminel (commune de Lebreil) ; ils commençaient en 1740. Dans les documents révolutionnaires, l'abbé de Lavaissière est dit natif de la commune de Lebreil. Son acte de décès est très précis. Il le dit décédé le 27 octobre 1811, à l'âge de 78 ans, 11 mois et 9 jours, ce qui porterait à croire qu'il était né le 18 novembre 1732 mais le pouillé du diocèse de Cahors, dit de Danglars, donne comme date de naissance l'année 1733. D'où on peut déduire que la date exacte de sa naissance se place entre le 18 novembre 1732 et les premières semaines de 1733.* »

Faut-il accorder plus d'importance au "pouillé Danglars" qu'à l'acte de décès ? Au moment du décès, l'acte de naissance existait peut-être toujours. Quelqu'un aurait pu s'y référer et ainsi préciser l'âge de 78 ans, 11 mois et 9 jours.
Une naissance le 18 novembre 1732 me semble possible. Qu'en pense le club des cinq ?

Continuons la lecture 1933 : « *Sa famille habitait alors le domaine du Guel (aujourd'hui sur la commune de Lebreil), mais*

103

le fief noble dont elle se titrait se trouvait sur la paroisse de Belmontet d'où elle était originaire. Son père l'avait acquis le 11 septembre 1712 de la famille Merlin de Lavaissière moyennant l'échange de quelques champs et la modique somme de 790 livres. Les Solacroup étaient à Belmontet depuis l'an 1444, époque à laquelle ils étaient venus du Rouergue s'établir sur les terres du seigneur de Lastours. »

Au XIIe siècle, trois "branches" « *avaient acquis fortune et considération* » :

- La branche aînée, restée à Ladevie ;
- Celle de Lacroix
- Celle de Lavaissière, avec Jean-Baptiste Solacroup, père de Guillaume.

Jean-Baptiste Solacroup : « *Marié une première fois en 1715, avec demoiselle Agnès Vidal de Lapize (d'une famille noble du Haut Quercy), morte des suites de couches l'année suivante, il se remaria le 31 mai 1719 avec une autre demoiselle de la noblesse, Marie-Anne de Vernhes de Monplan qui l'apparenta aux meilleures familles de l'aristocratie quercynoise : les Cruzy-Marcilhac, les d'Escayrac de Lauture, les de Pugnet, les de Laborie de Rouzet, les Vernhes de Lastours, les Saint-Exupéry, les Gozon, les Durfort-Boissières même.* »

Et ils eurent de nombreux enfants : au moins 14 dont 6 atteignirent l'âge adulte :

- Louis, né en 1721 ;
- Henri, né en 1729, mort au service ;
- Guillaume ;
- Louise-Henriette (1728-1806), épousa Jean-Antoine Bonnafous de Garrigou en 1773 ;
- Marie-Anne-Henriette (1733-1822) elle osa se marier contre le gré de sa famille à un bourgeois de Montcuq, Jean-Louis Castelly, en 1762 ;
- Jean-Baptiste (1734-1815), prêtre et chanoine de Montpezat.

Ils vivaient comment, ces gens aisés ?

« *Jean-Baptiste Solacroup avait d'abord mené l'existence un peu oisive des bourgeois campagnards de son temps. Après son premier mariage, il avait habité sa maison noble de Lavaissière pompeusement décorée du titre de château dans l'acte de décès de Mlle de Lapize. De 1720 à 1729, il avait réintégré la maison paternelle au village de l'église de Belmontet, moins prétentieuse mais plus confortable. En 1729, il s'était transplanté au Guel qu'il venait d'acquérir. Ayant sans doute l'humeur vagabonde et déjà le goût des affaires, il revendit cette propriété en 1733 pour acheter à ses deux beaux-frères, Mathurin et Henry de Vernhes, moyennant la somme assez considérable de dix mille livres, le château de Monplan et l'important domaine qui en dépendait. »*

Il y vécut sûrement très accaparé par la supervision de son exploitation aux « *quatre à cinq métairies.*»

Si Guillaume Solacroup de Lavaissière, est né le 18 novembre 1732, ses parents ne possédaient pas encore le château de Monplan. À moins que l'enfant soit né dans la propriété parentale de sa mère, celle de ses oncles... Mais tout cela sera du poulet de Montcuq, bientôt !

Revenons au père, Jean-Baptiste Solacroup, à Valprionde, lancé dans les affaires en 1739 : « *associé aux grands négociants moissaguais, les sieurs Jean et Jacques Gouges père et fils dont la maison de commerce était une des plus considérables de Guyenne, il trafiqua sur les vins et les grains. Il achetait les vins rouges de Cahors, les faisait transvaser, préparer et embarquer sur le Lot à destination de Bordeaux. Là ils rejoignaient d'autres cargaisons venues aussi de Moissac par bateau que ses associés expédiaient aux Antilles... »*

Qui va s'indigner de cet enrichissement ? Ah, un "de l'origine des fortunes" pourrait faire tomber de leur piédestal bien des prétentieux... Bref...

« *Cette belle activité fut de courte durée. Brusquement, en 1747, soit que la guerre maritime franco-anglaise eût paralysé le commerce des Antilles, soit tout autre motif, il fallut déposer le bilan. À la requête des sieurs Gouges, le séquestre fut mis sur tous les biens du sieur de Lavaissière, séquestre assez anodin puisque la garde en fut confiée à sa femme. Un procès s'ensuivit. Comme en ce temps-là la justice était un peu lente, presque tous les intéressés étaient morts quand cette affaire fut liquidée à l'amiable vingt-sept ans après. »*

On écrira peut-être la même chose dans deux siècles de notre affaire Tapie. Qui ne semble pas payer de taxe d'habitation sur le territoire de Montcuq.

Jean-Baptiste Solacroup était mort dans son château vers 1762. Sa femme l'avait précédé, le 10 août 1760, à 58 ans.

L'auteur précisait *« Le château de Monplan, qui subsiste toujours, est situé sur une éminence dominant le petit vallon au fond duquel se cachent, dans la verdure, l'église et le village de Valprionde. C'est une construction du XVIIe siècle, avec de larges fenêtres à meneaux. »*

Les enfants : Louis, l'aîné, appelé Mr d'Hébrard *« était destiné à continuer la lignée, les cadets devaient, comme on dirait aujourd'hui, se faire une situation ; ils choisirent l'armée et l'église. »*

Guillaume fit *« de solides études classiques, au collège royal de Cahors, fort probablement. »* Armée, abandon de l'armée, entrée au séminaire.

« Pourquoi ce changement ? Raisons de familles ; vocation tardive ? Dans la mesure où les conjectures sont permises, il semble bien qu'il y ait eu les deux à la fois. » Il n'en sait rien, et moi non plus.

Louis et Henri morts vers 20 ans, il était devenu l'aîné. Mais la fortune de l'enfance s'est transformée en "temps difficiles". Il y eut des riches pauvres à Valprionde ! La religion pouvait sauver la famille ! On peut douter de sa "vocation".

Guillaume, ordonné prêtre à la Noël 1760 est immédiatement nommé vicaire de *« l'importante paroisse de Saint-Hilaire de Durfourt (entre Lauzerte et Moissac). Le 25 mars 1764, il fut pourvu de la cure de Sainte-Croix de Panéjouls, une des plus riches du diocèse de Cahors. En 1773, il se résigna en faveur de son ami l'abbé de Galard de Salledebru (celui qui sera abbé de*

St-Maurin et mourra sur l'échafaud à Bordeaux, en 1793) et passa le 29 mars de la même année à celle de Concots. »

On peut peut-être en sourire : « *La perte totale des archives de l'évêché de Cahors ne nous a pas permis de connaître exactement la situation de l'abbé de Lavaissière à Concots de 1773 à 1778. Il fut d'abord nommé curé de Concots avec charge d'âme. Dans la déclaration de ses revenus, faite en 1790, il nous dit que peu de jours après sa prise de possession on lui avait offert 12.000 livres de son bénéfice avec un bail de neuf ans, et il ajoute : « J'en fus moi-même le fermier pour 10.000 livres ; les quittances du syndic du chapitre de Cahors attestent que je lui ai payé 5.000 livres pour le droit d'annate qui était la moitié du revenu d'une année. » »*

Et si l'argent guidait le monde ? Même dans une société riche !

Néanmoins : « *L'abbé de Lavaissière délaissa le chef-lieu de la paroisse pour aller habiter l'annexe d'Escamps où il avait acheté une maison qui fut vendue comme bien national. Mais depuis longtemps il s'intéressait à l'histoire locale et avait abandonné à trois vicaires le soin des âmes de sa vaste paroisse. »* Vocation, vocation... On peut se réjouir de l'existence de ce brave homme qui essaya de ne pas se laisser emporter par son siècle : « *Pour n'avoir plus à s'occuper du ministère paroissial et s'assurer en même temps une large aisance, il chercha à faire revivre à son profit l'ancien prieuré. Sous prétexte de faciliter le ministère paroissial, la cure de Concots fut démembrée ; les deux annexes furent érigées en cures indépendantes en 1779 et les trois nouveaux curés de Concots, d'Escamps et de Cremps mis à la portion congrue. Les fruits décimaux des trois paroisses étaient perçus par le titulaire du bénéfice simple, recréé sous le nom de prieuré d'Escamps et dont l'évêque se réserva la collation. L'abbé de Lavaissière ayant fait sa démission en 1778 entre les mains de l'évêque de Cahors de sa cure de Concots fut naturellement pourvu du nouveau bénéfice. Ainsi se trouvait réalisé son plus cher désir : la liberté et des ressources pour pouvoir s'occuper exclusivement de recherches généalogiques et historiques. »*

Un homme dont le « *plus cher désir* » consiste à obtenir « *la liberté et des ressources pour pouvoir* » lire et écrire ne peut pas être mauvais. Même s'il s'agissait de « *s'occuper exclusivement de recherches généalogiques et historiques.* »

Un M. de Combarieu, seigneur de Montlauzin, lui écrirait : « *je vous félicite de vous défaire de votre bénéfice ; il vous en coûte de l'argent, mais vous serez content et tranquille, c'est tout ce que l'on peut désirer.* »

Comme quoi, les siècles passent et la vie, finalement, varie peu : « *vous serez content et tranquille, c'est tout ce que l'on peut désirer.* » Certains néanmoins pensent nécessaire de participer à la folie, à la dérive du monde...

En 1779, il se réinstalla dans la maison de son enfance, à Monplan. « *C'est là qu'il vécut heureux au milieu des livres et des vieux papiers.* » Hé oui, la commune ne bénéficiait pas encore de connexion Alsatis.

« *Pour se débarrasser de tout souci matériel, il avait affermé, le 7 juin 1785, devant Ramel, notaire à Cahors, son prieuré d'Escamps à MM. Jordanet et Laroche, bourgeois de Cahors, moyennant la somme de 4.826 livres quittes de toutes charges.* »

L'auteur actualise la somme à plus de 80 000 francs de 1933. 1 franc de 1933 valant selon l'Insee 0,64364 euros en "monnaie constante", avec plus de 50 000 euros par an, n'importe quel écrivain vivrait tranquille dans le Quercy.

Tout le monde était content ? « *Si ces arrangements avaient fait le bonheur de l'abbé de Lavaissière, ses ouilles en furent fort mécontentes. En 1789, les paroissiens d'Escamps font entendre des plaintes amères contre ce prieur, gros décimateur, qui en démembrant son bénéfice a trouvé moyen de se faire « un gros revenu qu'il dépense à huit lieues de cette communauté, sans jamais lui donner le moindre secours. Il perd totalement de vue, ajoutent-ils, le principe et l'origine de l'institution des biens de l'église en abandonnant ces pauvres infortunés desquels il n'oublie pas de percevoir le 1/7e des fruits qu'ils font produire au stérile terrain qu'ils possèdent. »»*

Hé oui, il était né du côté des exploiteurs. Naturellement, depuis, l'abolition des privilèges a humanisé notre pays. Hum, hum...
Pourrait-on, aujourd'hui, à l'instar de ces gueux, dénoncer des élus, qui trouvent moyen de se faire un gros revenu sans jamais se soucier de leurs administrés, en ayant perdu totalement de vue, les valeurs républicaines ?

L'auteur semble porter une petite affection à son héros : « *Qu'on ne se hâte pas trop de blâmer l'abbé de Lavaissière. Il était de son temps ; on ne peut pas lui en faire grief. Par ailleurs, nous savons qu'il n'était pas resté insensible à la misère de ces pauvres gens. Dans son projet de nobiliaire il écrit : « Tandis que je remplirai la tâche pénible que je viens de m'imposer, la Noblesse me refusera-t-elle quelques secours pour des malheureux à qui je dois le loisir que je lui consacre ? Mon bénéfice s'étend sur un territoire de treize lieues de circonférence. Plusieurs milliers de faméliques travaillent ce sol ingrat qui, de l'aveu de tous les cultivateurs, est le moins susceptible de rapport qu'on connaisse dans la Haute-Guienne. Je crois sûr d'exciter la commisération de l'homme le moins sensible en lui montrant le pain que mangent les meilleurs habitants de cette terre infortunée. Il n'y a dans tout ceci rien d'hyperbolique : telle est la véritable situation des pauvres laboureurs à la sueur desquels je dois mon existence. Mon devoir et mon cœur me rappellent sans cesse cette affligeante vérité, et l'étroite obligation où je suis de leur rendre compte de l'emploi de mon temps. Je joindrai donc à ce que je puis leur donner, la petite contribution que chaque Gentilhomme me permettra de lui imposer pour prix de sa généalogie. Cette contribution sera déposée par le Gentilhomme même entre les mains d'un des trois curés qui desservent mon bénéfice ; elle ne parviendra jamais jusqu'à moi et sera distribuée tout de suite aux plus pauvres habitants de mes paroisses. »* »
Vive les Gentilshommes ! Un peu de charité dans une société où il convient de respecter les hiérarchies. Ainsi, que l'on ne se hâte pas trop de blâmer les puissants, ils ont leurs bonnes causes, leurs charités. Certes de préférence fiscalement déductibles. Il était de

son temps, on ne peut pas lui en faire grief ! Comme nos maires auxquels on a inculqué les bonnes manières économiques durant les années 1980 ? Il faut réussir ! Et donc les gros se doivent de lancer des OPA sur les largués de la modernité.

Quant à l'argent des *Gentilshommes*, combien de « *pauvres laboureurs* » en ont vu ?

Ces écrits nous offrent également un tableau de l'état de notre région. « *Tu te crois pauvre ? Change de siècle et tu seras riche* » écrivait Sénèque dans sa lettre 17 à Lucius.

Sénèque... vous savez ? Il y'a 2000 ans... Il dictait des considérations peu aimables pour le grand empereur... Et Néron lui ordonna de se suicider.

Mais revenons à l'histoire... En 1768, notre héros séjournait en Avignon, visitant la cathédrale et le tombeau de Jean XXII, le pape cadurcien dont l'évocation apparaît appropriée quand on s'intéresse aux mœurs clientélistes de la région...

C'était l'époque de "l'ancien Régime" et qui voulait un grade dans l'armée ou une faveur royale devait produire ses titres devant le généalogiste de la Cour. Ainsi, le premier titre de gloire de l'abbé de Lavaissière fut : « *un pauvre gentilhomme des environs de Montcuq, Antoine-Joseph-Thérèse de Montagu, qui se titrait de seigneur de Solabel (nom d'un petit domaine presque entièrement rural que possédait sa mère à Montlauzun), put se faire reconnaître comme le parent éloigné du doyen de Notre-Dame. Tous deux descendaient en effet de l'illustre maison de Montagu-Mondenard qui avait fourni au XIIIe siècle un abbé de Figeac, un abbé de Moissac et le fameux Sicard, évêque de Cahors. Le neveu de l'abbé de Montagu étant mort en 1774, celui-ci fit venir à Paris son lointain parent, le fit entrer dans le régiment des Gardes-Françaises et lui procura les honneurs de la Cour en 1784.* »

Ainsi naquit l'autoroute diplomatique Montcuq-Paris sur laquelle Maurice Faure sut réaliser des excès de vitesse ?

Quant à Antoine-Joseph-Thérèse de Montagu, « *deux ans après, il le mariait avec une des plus riches héritières de France, Mlle de Rochechouart-Pontville et lui faisait prendre, à cette occasion, le titre pompeux de marquis de Montagu-Lomagne auquel il n'avait que de très problématiques droits. »*

Forcément cette réussite suscita de nombreuses envies dans la noblesse... Il aurait pu préférer la littérature mais « *l'agitation et la perplexité où j'ai vu les anciennes familles qui aspirent aux honneurs de la Cour et surtout le plaisir que j'ai goûté plus d'une fois d'être utile à des gentilshommes pauvres en les faisant connaître, en leur procurant des secours, tout cela m'a fait concevoir le projet du Nobiliaire de la Haute-Guienne. »*

Ils aspirent aux honneurs de la Cour comme nos maires à ceux de la Préfecture ?

Il aimait les pauvres, les pauvres de la noblesse. Comme Sénèque soutenait déjà les pauvres parmi les citoyens romains. Comme peut-être François Hollande prétend être du côté des pauvres, les pauvres de sa classe... Quant aux sans-dents...

Ainsi « *pendant les cinq années qui précèdent la Révolution, les liasses de vieux papiers s'amoncellent dans son cabinet de travail de Monplan. »*

L'abbé de Lavaissière raconte, écrit à un certain M. de Flaujac, le 24 février 1787 : « *Les notaires qui vous refusent leurs minutes ne savent pas ce qu'ils font puisque ce n'est qu'en les prêtant qu'ils peuvent en tirer quelque chose. On m'envoie 500 registres au moins tous les ans de l'extrémité des deux provinces, et les gardes-notes qui savent que je ne travaille que sur des originaux se sont enfin décidés à les livrer, parce qu'ils ont bien senti que sans cela leurs offices ne rendraient rien. »*

Le premier volume devait paraître en novembre 1787. Et il n'en fut pas ainsi. L'auteur en ignore la raison. Puis ce fut la Révolution...

Le 24 décembre 1804, l'abbé de Lavaissière écrivait au comte Jean-Baptiste de Galard de Salledebru : « *Je me suis occupé très longtemps des recherches nécessaires pour consommer la généalogie de votre famille et j'avais déjà les matériaux qui l'auraient portée très loin et d'une manière très brillante, mais la plupart de mes registres ont péri avec les archives de plusieurs familles lorsque les révolutionnaires vendirent mon bien, ma maison et mes meubles et firent un feu de mes papiers pendant huit jours. »*

"Les révolutionnaires", il s'agit donc des simples gens de Valprionde et peut-être des environs, Belmontet, Ste Croix...

L'auteur ignorait de toute évidence cette lettre lors de sa première communication : « *Lorsque fut votée la Constitution civile du clergé, l'abbé Lavaissière refusa tous les serments demandés. Ainsi en 1792 est-il inscrit sur la liste des prêtres qui doivent être déportés. Mais, trompant la vigilance des administrations révolutionnaires il se réfugie dans une famille de paysans, et y reste caché pendant la Terreur. Ses biens sont mis sous séquestre et partiellement vendus par arrêtés du 12 pluviose et 26 fructidor an II. N'ayant pu découvrir sa retraite la municipalité de Lebreil se vengea sur ses manuscrits. Un beau jour de 1793, elle se rendit chez sa sœur Mme de Bonnefous de Caminel, exigea la remise de tous les papiers du proscrit et les brûla solennellement sur la place du village. Ces braves révolutionnaires croyaient sans doute que cet autodafé aiderait à sauver la patrie en danger, à moins qu'ils ne voulussent pas perdre une si belle occasion d'être désagréables à la famille de leur ancien seigneur. Ainsi disparut le fruit de plus de vingt ans de laborieuses recherches. »*

Un feu de joie.... Comme un jour l'ensemble des titres de propriétés boursières disparaîtront des ordinateurs grâce aux hackers révolutionnaires ? À la Bibliothèque fonds anciens de Cahors, il existe pourtant un "*Nobiliaire de Lavaissière*", un volume cartonné de 550 pages, sauvé des flammes... En 1903 il fut découvert dans la bibliothèque d'un collectionneur cadurcien, un certain M. Greil, et acheté par la ville.

Peut-être dans l'une de nos communes, découvrira-t-on un jour d'autres documents ? Peut-être d'autres furent brûlés depuis lors de grands nettoyages de greniers...

1789 ne fut pas fatal à notre lotois. Il restait d'ailleurs "un notable". La Municipalité de Lauzerte lui demanda même un rapport comparatif des impôts du Quercy avec les autres provinces. Il fut lu le 14 mars 1790 et monsieur le Maire, un certain de Fabas de conclure « *Nous devons, Messieurs, la plus vive reconnaissance au patriote zélé qui a bien voulu faire des recherches pénibles pour nous faire connaître l'inégalité qui règne dans la répartition des impôts sur les différentes provinces du royaume et la surcharge dont la nôtre est grevée. Les réflexions dont il vient de nous faire part sont développées avec tant de méthode et de netteté, elles sont appuyées par des raisonnements si solides ; leur justesse est démontrée par des calculs si exacts, qu'elles ne peuvent qu'être d'une grande utilité à la province de Haute-Guienne. Il faut espérer que l'Auguste Assemblée Nationale les accueillera avec bonté et, qu'éclairée sur notre situation malheureuse, sa justice fera disparaître cette disproportion frappante dans la répartition dont notre pays a, depuis si longtemps, à se plaindre.* » L'assemblée mandata son secrétaire-greffier, M. Goul, de l'imprimer et d'en assurer un envoi « *en nombre suffisant à l'auguste Assemblée nationale, au Comité des finances et à toutes les assemblées administratives et municipales de la Haute-Guienne.* »

Ce qui ne fut sûrement pas réalisé mais le manuscrit fut retrouvé dans les Archives municipales de Lauzerte... l'Abbé Taillefer le publia en 1904 sous le titre "Péréquation de l'Impôt" dans un "BULLETIN DU COMITÉ DES TRAVAUX HISTORIQUES ET SCIENTIFIQUES - SECTION DES SCIENCES ECONOMIQUES ET SOCIALES". Intitulé certes assez pompeux... J'ai retrouvé ce document. Eh oui, il existe des livres locaux... indisponibles. Et d'autres disponibles... Pas à la bibliothèque prétendue intercommunale de Montcuq où semble régner une loi non écrite de nécessaire soumission aux potentats locaux...

On pourrait en conclure qu'il a facilement surfé sur la chute de l'ancien Régine et s'est déjà replacé dans le nouveau... On peut également, grâce à l'inventaire des livres répertoriés en 1792 au château de Monplan, lui accorder de s'être précédemment ouvert aux lumières. Il serait surprenant qu'en d'autres demeures de la communes figurassent les 52 tomes de l'Encyclopédie, les principales œuvres de Voltaire, Jean-Jacques Rousseau, Necker...

1790... Le 14 novembre, l'abbé de Lavaissière se plie aux dispositions législatives et rédige sa "déclaration de revenus ecclésiastiques", transcrite le 20 sur les registres du district de Lauzerte.

Des décrets confisquaient alors au Clergé ses biens et revenus... Son prieuré d'Escamps lui rapportait 4826 livres, une prestimonie "de Notre-Dame", fondée par Finamande de Rozet, dame de Lastours, dans l'église St-Hilaire de Montcuq par son testament du 10 juin 1472, lui octroyait 20 quartes de blé de rente payables par le seigneur de Lastours...

Mais notre historien refusa de prêter le serment civique... et tout se compliqua... Le 11 juillet 1792, l'Assemblée Législative déclare la patrie en danger, l'information arrive à Cahors le 17 [pourtant Cahors ne dépendait pas encore du haut-débit d'Alsatis] et déclenche la mise en réclusion des prêtres insermentés « *sauf les sexagénaires et les infirmes.* »

Le 18, il obtient un passeport de « la municipalité de Valprionde et St-Aignan » : « *Laissez passer le sieur Guillaume Solacroup-Lavaissière, français, domicilié à Monplan, municipalité de Valprionde et St-Aignan, prêtre âgé de soixante ans, taille de cinq pieds cinq pouces (1 m. 67), cheveux gris, sourcils et yeux noirs, nez long, bouche d'une grandeur moyenne, menton rond, front grand et ouvert, visage ovale, et prêtez-lui aide assistance en cas de besoin. Délibéré à la maison commune de Valprionde le 18 du mois de juillet mil sept cent quatre-vingt-douze...* »

Signé Demeaux maire, Cambou secrétaire de la commune, Lavaissière prêtre.

Trois jours plus tard, selon l'auteur, il partait, son passeport aurait été visé par le directoire du district de Lauzerte et il serait arrivé à Toulouse le 22 au soir. Il s'agissait du point de passage des prêtres en fuite vers l'Espagne pour échapper à la réclusion.

Le 4 août, il serait parti pour Bagnères-de-Luchon, y séjournant du 7 au 29. La municipalité de Luchon semble avoir confirmé ce passage, lui fournissant un certificat de résidence au prétexte de sa venue « *pour faire usage des eaux.* »

Puis du 2 septembre 1792 au 8 janvier 1793, il aurait vécu sans interruption à Toulouse, selon l'auteur. La municipalité de Valprionde lui aurait « *délivré postérieurement* » un certificat attestant sa présence du 10 au 18 janvier 1793.

Retour à Toulouse le 22, départ pour Montpellier le 3 février. Le 13 mars 1793, des officiers municipaux lui délivrent une autre attestation : « *le citoyen Solacroup-Lavaissière demeurant actuellement en cette ville, dans la maison de Thomas Sellier, sise grand'rue, paroisse Notre-Dame, y a résidé sans interruption depuis le 8 février dernier jusqu'à ce jour.* »

Le 20 mars, on le retrouve à Toulouse. Avec certificat de résidence du « 8 vendémiaire an IV » du directoire du district pour la date du « 20 mars 1793 au 16 fructidor an III. »

L'auteur en doute. Ce ne serait sûrement pas la seule fois, même dans notre pays, où des attestations attestent un mensonge.

Dans un mémoire, l'abbé de Lavaissière aurait raconté son errance durant "la Terreur", dont plusieurs mois « *dans les forêts et dans des carrières sans être vu de personne que d'une femme charitable qui lui portait à manger.* » On peut également douter de cette version...

Inscrit sur la liste des émigrés le 4 octobre 1793, ses biens avaient été confisqués. Le 14 pluviôse an II, sa maison d'Escamps fut vendue 5150 francs en assignats.

Le 26 fructidor an II, le domaine de Monplan partait pour 87065 francs. Chercher une "valeur actualisée" ne signifie pas grand chose. Même en actualisant, la pauvreté des "classes populaires" leur rendait toute acquisition quasi impossible.

On note à la BNF « *Après avoir totalement disparu du système monétaire français pendant plus de 150 ans, le franc revient à l'avant de la scène en 1793, dans le contexte de crise économique et politique de la Révolution... La loi du 15 août 1795 définit le franc, divisé en 10 décimes de 10 centimes chacun, comme étant l'unité monétaire officielle de la République, plutôt que le louis d'or qui porte le prénom du roi déchu.* »

Que pouvait représenter 87065 francs en 1793 ?

La légende locale, transmise par M. Jean Cure, prétend que le domaine fut acquis pour deux bœufs... pris dans l'étable et des chapons. Quant à l'abbé Solacroup de Lavaissière, il se serait enfui de son château par un souterrain après avoir convié les villageois à un festin où fut déjà tué un bœuf. Ce souterrain constitue une petite légende : son existence semble avérée par les transmissions orales, il aurait été rebouché pour éviter un drame, les enfants aimant y jouer. Quand ? L'actuel propriétaire, M. Peter Martin, l'a cherché en vain, depuis les années 1970, l'entrée comme la sortie du tunnel.

Malheureusement, de nombreux anciens ont disparu sans qu'aucun maire n'ait eu l'idée de compulser leurs souvenirs.

En 1918 M. Henri Guilhamon déclarait « *En trompant la vigilance des administrations révolutionnaires il se réfugie dans une famille de paysans, et y reste caché pendant la Terreur.* »
En 1934 : « *L'abbé de Lavaissière ne nous a pas révélé le lieu de sa retraite. Il y a tout lieu de croire qu'il était revenu dans la région de Montcuq, auprès de sa famille. C'est en somme là qu'il pouvait être le plus efficacement secouru.* »
Pour parfaire le raisonnement, il nous apprend que l'un de ses parents, M. Solacroup de Latour, était à la tête de l'administration cantonale (Montcuq) durant la Révolution.

Dans les "notes généalogiques" sauvées du feu et conservées à Cahors (espérons qu'elles n'aient pas été volées depuis car elles ne semblent pas avoir été numérisées) le valpriondais se confia sur cette période : « *Gravez, Mon Dieu, gravez profondément dans nos âmes le souvenir des sentiments dont nous fûmes pénétrés dans ces temps de Terreur et de salut où chaque jour semblait être celui qui devait éclairer notre supplice, où chaque jour la hache du bourreau frappait à nos yeux la tête de quelqu'un de nos confrères, où, dans quelque réduit obscur chacun de nous, croyant toucher au dernier moment de sa vie, vous disait du fond de son cœur : « Mon Dieu, je suis ici seul avec vous et moins occupé de mes peines que des souvenirs de mes péchés, je me prosterne la face contre terre pour implorer votre miséricorde. Ayez pitié de moi, Seigneur, il ne me reste plus d'asile que dans votre sein et je vous remercie de m'avoir ôté tous les autres. Oui, mon Dieu, je vous remercie de m'avoir mis dans l'état où je suis ; en me dépouillant de tout ce que je possédais, en réunissant sur ma tête les maux dont je suis accablé, en éloignant de moi toutes les consolations humaines, vous m'avez mis dans l'heureuse nécessité de revenir à vous avec un cœur contrit et humilié. S'il fallait, pour toucher ce cœur endurci, des secousses profondes, que n'avez-vous pas fait pour le pénétrer d'une utile terreur ? Ces sanguinaires inquisiteurs que je vois depuis si longtemps s'agiter autour de moi pour découvrir ma retraite et me traîner au supplice, l'image de la mort sans cesse reproduite à mes yeux, l'échafaud toujours fumant du sang de mes confrères, les supplices journaliers de ces infortunés mourant sous la main des bourreaux et les cris affreux dont le peuple barbare fait retentir les airs à la vue de leurs têtes sanglantes que lui présente l'exécuteur, voilà les salutaires tableaux que votre main paternelle a pris soin de rassembler autour de moi. Pour élever mon âme vers les cieux, vous avez brisé tous les liens qui pouvaient l'arracher à la terre et pour m'éclairer sur le néant de la vie, vous m'avez environné des ombres de la mort... »»*

Quand tout a foutu le camp, il ne reste plus que Dieu ? Même pour un "bien-né" entré dans les ordres plus par calcul financier que vocation...

En se "tournant vers Dieu", il oublie, occulte, sa culpabilité sociale. C'est en oppressant une partie de la population qu'on rend la Révolution inévitable. Et il n'y a pas de Révolution sans "débordements", "injustices"... Vouloir éviter les sanguinaires révolutions nécessite d'assurer au minimum la justice quotidienne... mais en 1789 comme en 2015 les installés semblent surtout préoccupés par la taille de leur part du gâteau... Ils en font quoi, de leur fric ?!

Après la Terreur vint la chute de l'Arrageois et le 29 octobre la commune de Lebreil visait le passeport de l'abbé de Lavaissière, installé chez sa sœur (et son beau frère) au domaine de Garrigou.

C'était maintenant un vieil homme. Quand retomba une averse, l'instruction du 23 Nivôse an IV (13 janvier 1796) où le ministre de la Police Merlin pria les autorités locales d'appliquer rigoureusement les lois de 1792 et 1793, il évita la "maison de réclusion" sans devoir fuir, les officiers de santé mandatés par Montcuq, Barayre et Ducros, constatèrent les « vives *douleurs dans la région lombaire et dans le canal de l'urètre.* »

En ce temps-là déjà, il valait mieux ne pas être mal vu... Ainsi le 10 août, l'Administration municipale de Montcuq délibéra : « *Vu le rapport des citoyens Baraye et Ducros en date du 19 fructidor portant que ledit Lavaissière ne pouvant, sans courir risque de la vie, être conduit dans la maison de réclusion dont le séjour serait mortel pour lui à cause de ses infirmités habituelles ;*

Considérant que ledit Lavaissière n'a donné aucun sujet de plainte dans la commune du canton de Montcuq, qu'il n'est venu à notre connaissance aucun discours ni aucune démarche de sa part tendant à décrier la révolution, que, de notoriété publique, il n'a fait depuis dix-huit ans aucune fonction de son ministère et que, par conséquent, on ne peut pas l'accuser d'en avoir abusé pour égarer le peuple ;

Considérant que le Conseil général de la commune de Valprionde, où il résidait depuis 1778, a attesté le 4 prairial an III qu'il n'a jamais troublé l'ordre public, que, malgré son âge, il a constamment été inscrit sur le rôle de la garde nationale et a fait en personne le service de soldat depuis le commencement de la Révolution jusqu'au 21 juillet qu'il partit de chez lui ;

Considérant enfin que le seul reproche qu'on puisse faire audit Lavaissière, c'est de n'avoir pas prêté le serment prescrit par la loi, que d'ailleurs, dans tout le canton de Montcuq, il ne s'élève pas une seule voix contre lui et que la conduite qu'il a tenue depuis le commencement de la Révolution semble garantir pour l'avenir son obéissance aux lois de la république,

L'Administration municipale du canton de Montcuq est d'avis que l'administration centrale permette audit Guillaume Solacroup-Lavaissière de demeurer librement dans le canton de Montcuq sous la surveillance des autorités constituées pour y recevoir de ses parents les soins et les secours qu'exigent ses infirmités. »

Il avait étudié l'art de la comédie chez Jacques Duèze ou souffrait réellement ? Qui, en 2015, serait accusé "d'égarer le peuple" si l'état donnait à des fouineurs un pouvoir similaire ?

Il tenta de récupérer ses livres, et la lettre qu'il adresse au Directoire le 29 novembre 1796 nous renseigne surtout sur le respect pour la littérature du grand républicain acquéreur du domaine : « *Lorsqu'on vendit ses biens paternels situés dans la commune de Valprionde, canton de Montcuq, on laissa ses livres dont on avait fait un inventaire entre les mains de l'acquéreur où ils sont encore aujourd'hui, dans l'ordure, livrés aux enfants et à la volaille et dans un état de perdition totale... »*

Le 3 décembre 1796, l'administration centrale du Lot abondait dans son sens et accordait cette remise « *provisoire.* » La restitution eut lieu ? L'auteur ne semble pas en avoir trouvé la preuve. Que sont ces livres devenus ? Voilà encore une question pour le club des cinq !

Mais il y eut un coup d'état le 18 fructidor an V, dans notre pays. C'était le 4 septembre 1797 et les prêtres insermentés devaient partir... Il dut de nouveau plaider sa cause... On peut penser à Louis Ferdinand Céline au 20eme siècle, essayant de sauver également sa tête... Son état d'infirmité fut vérifié...

Puis il y eut le calme, avant la mort. Chez sa sœur, au domaine de Garrigou, où leur frère Jean-Baptiste, chanoine de Montpezat exilé en Espagne, les rejoint.

Il hérita du domaine de Garrigou à la mort de cette sœur, le 6 juin 1807, partie après avoir enterré l'ensemble de ses enfants. Et c'est là, le 27 octobre 1811, qu'il s'éteint.

« *Il fut inhumé le lendemain dans le cimetière de l'église de Lebreil au pied de la Croix paroissiale.* » Il n'en reste aucune trace.

Il accordait la jouissance de ses biens à son frère Jean-Baptiste. Dame Marie-Anne-Françoise-Henriette de Puniet, épouse de M. Antoine-Bernard Solacroup de Latour, en étant l'héritière.

On se souvient que « *Solacroup de Latour, était à la tête de l'administration cantonale durant la Révolution.* »

Plus quelques dons : 16 francs de rente annuelle à l'église de Lebreil, une pension alimentaire à Jeanne Peyrusse sa servante, à sa sœur madame Castelly une pension viagère de 600 francs et 1000 francs à chacun de ses enfants, 3000 francs aux étudiants pauvres du séminaire de Cahors, 300 francs également à chacune des églises de Ste-Croix-de-Poméjouls, Concots, Cremps et d'Escamps.

En 1918 M. Henri Guilhamon notait la cause du décès : une embolie.

Peut-être, dans certaines familles, cette histoire reste transmise. Par exemple chez les descendants des paysans qui l'ont protégé durant la Terreur.

Puisse le club des cinq mettre en valeur cette contribution à une certaine histoire commune entre Belmontet, Valprionde, Lebreil et même Montcuq.

Durant cette vie, les communes furent créées.

Le décret de l'Assemblée nationale du 12 novembre 1789 : « *il y aura une municipalité dans chaque ville, bourg, paroisse ou communauté de campagne.* » La loi du 14 décembre 1789 proclamait « *Les municipalités actuellement subsistantes en chaque ville, bourg, paroisse ou communauté, sous le titre d'hôtel de ville, mairies, échevinats, consulats, et généralement sous quelque titre et qualification que ce soit, sont supprimées et abolies, et cependant les officiers municipaux actuellement en service, continueront leurs fonctions jusqu'à ce qu'ils aient été remplacés.* »

Ainsi furent créées les communes françaises telles que certains s'acharnent depuis 1971 à les accuser des pires maux pour les détruire.

Histoire perdue... ou presque...

En 1874, l'abbé Bessière réalisa une monographie de sa paroisse, St Félix, commune de Valprionde.
Ce document est conservé, accaparé, par la *société des études du Lot*.
Cet organisme possède également en référence une monographie de Montcuq, réalisée à la même époque par un confrère de l'abbé Bessière.
Lors de mon dernier passage, j'appris qu'elle avait disparue.
Elle figure dans une collection privée ou fut détruite par erreur ?

Avec arrogance, un membre de cette société des études du Lot exigea un paiement pour me permettre de continuer à consulter des documents.
Et pour l'éditer, il faudrait payer une somme astronomique !
Qui sauvera ce document ?
Qui retrouvera la monographie sur Montcuq ?

Tout le monde s'en fout ? L'histoire disparaît également ainsi. Cette *société des études du Lot* ne semble pas vouloir numériser ses documents... mais préfère sûrement prétendre être la seule à les posséder... les héritiers des prêtres pensaient sûrement sauver leur travail en les confiant à un tel organisme... Mais l'orgueil et la cupidité de certains hommes sont parfois un frein à la connaissance...

On en est là... Que deviendront les archives de nos communes ?

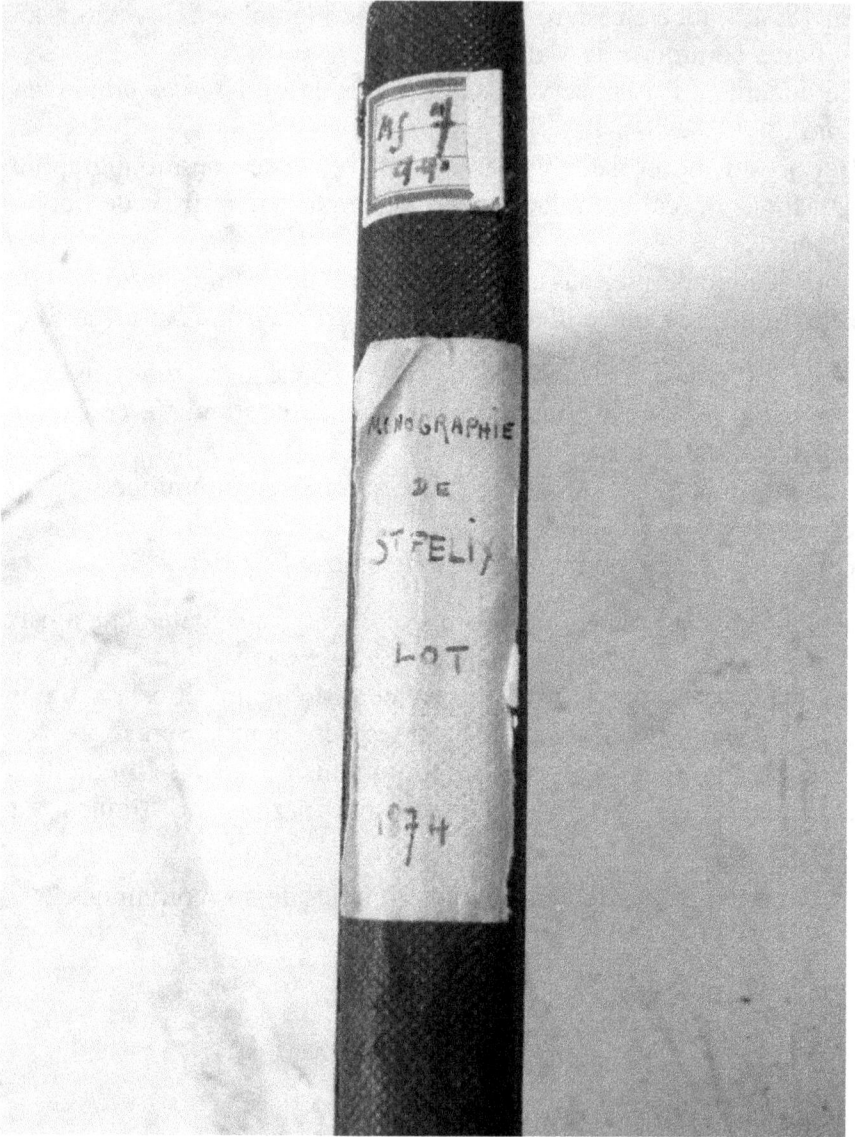

MONOGRAPHIE

DE

St FELIX

LOT

1974

Fusions, absorptions, superficie...

- Montcuq : 3 222 ha
Absorbe entre 1790-1794 : Saint-Privat-de-Montcuq
Absorbe entre 1795-1800 : Rouillac / Saint-Geniès / Saint-Sernin
1800 : 1 970 habitants
1901 : 1 758
1999 : 1 263

- Valprionde : 1 592 ha
Absorbe entre 1790-1794, Saint-Aignan
Absorbe entre 1795-1800, Saint-Félix (Saint-Félix-des-Vaux)
1800 : 738 habitants
1901 : 506
1999 : 152

- Belmontet : 1 212 ha
1800 : 582 habitants
1901 : 313
1999 : 141

- Lebreil : 1 020 ha
Absorbe entre 1790-1794 : Caminel / Saint-Amans-de-Cabremorte
Lebrel devint alors Lebreil.
1800 : 517 habitants
1901 : 264
1999 : 131

- Sainte-Croix : 777 ha
En 1801 Sainte-Croix-de-Vaux devient Sainte-Croix
1800 : 413 habitants
1901 : 197
1999 : 69

Les mots avaient donc encore un sens vers 1800 : le législateur notait "absorber" et non "fusionner" quand il s'agissait d'absorption.

Si nous reprenons le nombre d'habitants de 1800 :
Valprionde   738
Belmontet   582
Lebreil   517
Sainte-Croix   413

On arrive à 2250. Soit un peu plus qu'à Montcuq alors à 1970.

Le territoire :
Valprionde   1 592 ha
Belmontet   1 212 ha
Lebreil   1 020 ha
Sainte-Croix   777 ha

4601 hectares alors que Montcuq est à 3 222 ha

Mais avec les données de 1999 :
Valprionde   152 habitants
Belmontet   141
Lebreil   131
Sainte-Croix   69

Soit 493 habitants. Montcuq : 1 263 habitants.

S'il faut vraiment une fusion...
Certes, c'est moins de 1000 habitants. Mais une discussion entre Valprionde, Belmontet, Lebreil et Sainte-Croix pourrait peut-être permettre une fusion harmonieuse. Certes pas dans la précipitation ni avec la méthode 2015. Est-ce encore possible après le fiasco démocratique constaté ?
Car peu importe la fusion, elle ne devrait se concevoir qu'avec une dynamique citoyenne.

Château de Lastours ; Sainte-Croix.
Date de la protection : 13 janvier 1993
13e siècle ; 14e siècle ; 17e siècle
« Château composé d'un corps de logis rectangulaire avec de grandes fenêtres à doubles meneaux, flanqué de deux grandes tours carrées. A la tour ouest est accolé, en retour d'équerre, un corps de logis prolongé par une salle voûtée en berceau qui pourrait être une ancienne chapelle. La grande tour a conservé, à l'angle nord-est, les corbeaux d'une échauguette. Une porte encadrée d'une double moulure et surmontée d'un fronton triangulaire, s'ouvre dans la façade sud et donne accès à un escalier rampe sur rampe à volées droites. Seuls des plafonds à la française témoignent de l'état premier du château. Au sud du corps de logis, une vaste cour est délimitée à l'ouest et au sud par les vestiges d'une enceinte. A l'angle sud-ouest subsiste une tour carrée ; à l'angle sud-est, une tour ronde. »

Domaine de Ladevie ; Belmontet

Date de la protection : 11 octobre 1996 ; 18e siècle ; 19e siècle
« Domaine à vocation agricole depuis le 14e siècle, restauré aux 18e et 19e. Les bâtiments du domaine présentent un caractère défensif par un dispositif de cour fermée par accès unique sous une haute tour pigeonnier et des trous de tir percés dans les bâtiments longeant cet accès. Des vestiges médiévaux ont été conservés dans les élévations actuelles des dépendances situées à l'est, ainsi que tout un réseau de souterrains aménagés avec silos et escaliers taillés dans le roc. Les bâtiments Est abritent des pièces à fonction domestique, avec un ancien four et une partie logement. L'aile en retour au nord abrite une ancienne étable ou écurie, avec également une partie logis. Au nord-est de cette aile, un deuxième pigeonnier-tour quadrangulaire est installé en bordure de falaise. La décoration intérieure a été remaniée au 19e siècle, mais elle conserve quelques portes du 18e. Des pièces plus petites sont disposées le long de l'élévation arrière. Elles abritent des caves, celliers ou garde-manger voûtés qui n'ouvrent que sur la cuisine et la salle à manger. Les vestiges médiévaux indiquent une occupation ancienne du site défensif et il est possible qu'il s'agisse d'une ancienne borie, type de domaine agricole et de plaisance de l'époque médiévale.»

Tour-donjon ; Montcuq
Date de protection : 25 juillet 1904 ;
Édifice fortifié ; 14e siècle
« Cette tour était le donjon d'un système de défense dont il ne reste plus que quelques débris de remparts. Montcuq faisait partie du vicomté de Toulouse, et était l'une des places que Raymond, vicomte de Toulouse, s'était engagé à démanteler, d'après le traité passé entre lui et le roi de France. Les remparts de la ville furent détruits. La tour a été privée de ses mâchicoulis, de ses créneaux, des marches de son escalier et de deux planchers intermédiaires. L'intérieur de la tour-donjon de Montcuq a été restauré en 2009 sous le contrôle des Bâtiments de France. La voûte en berceau effondrée au-dessus du premier niveau a été rebâtie et des planchers en chêne ont été posés aux troisième et quatrième niveaux. Une exposition permanente historique ("Histoire d'une tour") est installée aux troisième et quatrième niveaux de l'édifice. »

La tour et sa fiente de pigeon
(avant les grands travaux)

Longtemps www.montcuq.info dénonça le manque d'attention municipale pour ce patrimoine. Aucun remerciement reçu.

Eglise de Rouillac ; Montcuq
Date de la protection 9 juillet 1980

12e siècle
« Eglise à chevet plat avec contreforts romans. Abside voûtée en berceau plein cintre. Clocher-porche sur la façade, amorti d'une flèche quadrangulaire. Présence de peinture murale.
Technique décor peinture
Propriété de la commune »

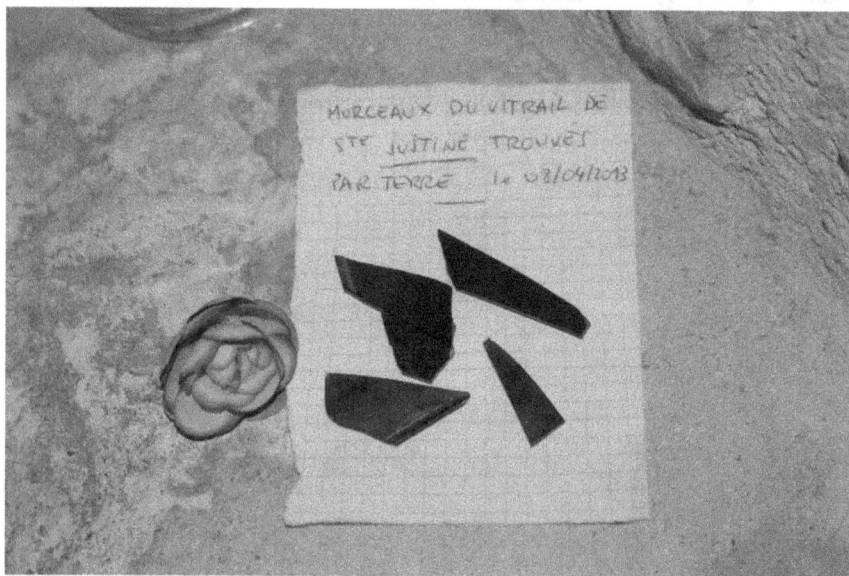

Près de la feuille, le caillou fut remplacé par une rose artificielle.
Le vitrail représentant Sainte Justine n'est pas correctement protégé. Comme tant d'autres dans ces cinq communes. Patrimoine ?

Château de Charry ; Montcuq

Montcuq, le château caché
(Château de Charry classé aux Monuments Historiques)

Date de la protection : 6 octobre 1976
15e siècle ; 17e siècle

« Château construit en trois fois. Ce fut d'abord un donjon dont la bâtisse principale était flanquée de deux tours polygonales. Il était cerné d'une enceinte fortifiée, dont il reste la troisième tour, alors non reliée au bâtiment principal, et une barbacane oblongue. Des canonnières défendaient l'accès du puits. Un souterrain reliait la barbacane à l'une des tours du donjon. Une seconde campagne de travaux, au 17e siècle, ajouta le corps de bâtiment à droite de la tour, ainsi que les bâtiments fermant la cour. Au 19e siècle se fit le raccordement entre le bâtiment principal et la tour ronde du rempart. Ce donjon était un relai de feu entre la tour de Montcuq et le donjon de Marcilhac, et assurait la défense de la vallée de Charry. »

"Position 2", sous-titre imaginé pour l'actualisation de ce livre, fournira peut-être à cette contribution une vraie réaction de madame la Préfète du Lot. Certes, une "réponse rapide" existe. C'est déjà ça ! Je n'en suis pas pleinement satisfait... Certes, ces lettres sont constituées de quelques paragraphes déjà notés mais leur présence dans ce document me semble essentielle : madame la préfète a validé la demande de création de cette commune nouvelle. Sans se soucier de la manière. La réception de "nombreuses lettres" aurait pu l'inciter à demander une méthode plus démocratique aux maires, ce qui aurait déjà constitué un énorme camouflet pour les protagonistes. Ce n'était même pas certain !...

> Madame Catherine FERRIER, Préfète du Lot
> PRÉFECTURE du LOT
> 120, rue des Carmes
> 46000 CAHORS

Le 4 octobre 2015

Objet : création de la commune nouvelle de «Montcuq en Quercy blanc»

Madame la Préfète du Lot,

Le dossier « Montcuq en Quercy blanc » devrait bientôt arriver sur votre bureau. Je vous invite à l'observer avec un œil critique, cette "fusion" de Montcuq, Sainte-Croix, Valprionde, Lebreil et Belmontet.
Les conditions de l'élaboration de ce projet me semblent trop peu soucieuses de l'opinion et de l'avenir des administrés. Certes, Montcuq a raison d'accueillir à bras ouvert de nouveaux contribuables...

« À noter que vendredi 25 septembre le conseil municipal de

Lascabanes a voté contre l'adhésion à la nouvelle commune à une très large majorité (un seul vote favorable), arguant du fait que les délais étaient trop courts et que le projet manquait encore de maturité. L'étude de faisabilité a également été jugée incomplète » écrivait leur *Dépêche du Midi*.

Pourquoi Sainte-Croix, Valprionde, Lebreil et Belmontet ont approuvé cette "fusion" ?

Je ne peux que vous narrer les conditions de Valprionde. D'autres, je l'espère, et les y invite, prendront la plume :

Une "Réunion Publique" fut annoncée, sans ordre du jour, au 18 septembre 2015. Il semble que l'ensemble du village ne fut pas prévenu (naturellement, tout le monde est censé se rendre chaque semaine à Moulin-Bessou pour consulter l'affichage public, la mairie ne communiquant plus par mail depuis mars 2014).

Le vendredi 25 septembre, le conseil municipal s'est réuni pour la deuxième fois dans le mois (les délais de convocations furent sûrement respectés...) pour voter OUI.

L'absence d'informations, l'absence de concertation municipale, semblent augurer d'une grande catastrophe rurale (j'exagère, naturellement, la plupart des administrés se désintéressent de « la chose publique »).

vendredi 18 septembre... en n'indiquant pas d'ordre du jour, monsieur le maire avait sûrement prévu un débat moins corsé... et "la charte" devant régir la "commune nouvelle" au 1er janvier 2016, jusqu'aux élections de 2020, fut l'arlésienne de la soirée. Annoncée, jamais présentée... et finalement monsieur le maire promettait de l'envoyer... Je ne l'ai toujours pas reçue... Une deuxième réunion semblait donc indispensable... Mais on apprenait par voix de presse, le oui du Conseil Municipal.

Vendredi 18 septembre... Un argument majeur peu attractif : on ne peut pas faire autrement !

Et des affirmations contestables... ainsi vous apprécierez sûrement, et pourrez bientôt publiquement infirmer : si on ne fusionne pas la préfecture nous y obligera...

Quant à la manière dont furent rassurés les contribuables sur une hausse fiscale... modérée... Monsieur le Maire parvenait à occulter qu'une taxe foncière et d'habitation se calcule avec un taux mais également une base ; il semble ainsi très probable qu'une base actualisée (la « valeur locative des biens imposables » étant calculée « à partir d'un tarif communal faisant référence aux loyers » les vieilles pierres d'un quartier prétendu "résidentiel" de Montcuq subiront sûrement une forte hausse par rapport à celles du village peu dynamique de Valprionde) entraînera une flambée dans une dizaine d'années... Il serait important que tout le monde en ait conscience...

Petite réunion abrégée avant de présenter "la charte d'union". Quant au nom de notre nouvelle commune, pas de discussion, il nous fut imposé... Nous n'avons pas choisi de vivre à Valprionde, étymologiquement *Vallée profonde*, pour devenir un trou de Montcuq. [il faut, parfois :)]

Ce nom fut annoncé par "le coordinateur", monsieur Patrice Caumon, le maire de Valprionde, dans *La Vie Quercynoise* fin avril 2015 :

      - Quel pourrait être le nom de cette Commune Nouvelle ?

      - « Montcuq en Quercy Blanc », tout simplement.

C'est d'ailleurs par *La Vie Quercynoise* et *La Dépêche du Midi*, que furent "informés" les administrés des intentions du coordinateur, qui nous semble privilégier sa petite carrière, son mouvement, son agitation, par rapport à l'avenir de notre territoire.

Monsieur Didier Boutard, maire de Saint-Laurent-Lolmie, dans *la Vie Quercynoise* fin septembre : « *Pour pouvoir créer une Commune Nouvelle, à mon avis, il faut un équilibre entre communes, afin que le budget et les investissements soient équitablement répartis entre ces dernières, ainsi qu'une relation de confiance, entre élus. Or, cette confiance n'a pas été respectée, pour le projet de Commune Nouvelle de Montcuq, en raison du fait que les élus qui émettaient des doutes, n'ont plus été conviés aux réunions préparant la constitution de cette nouvelle entité.* »

Notre conseiller département, Monsieur Marc Gastal, me

répondait récemment : « *Effectivement, tout va très vite, trop vite... Fermeture d'écoles communales, volonté de la part de l'éducation nationale de tenter de supprimer des collèges... Et maintenant, au tour de communes rurales qu'il nous faudrait annexer à une commune plus importante.*

Je suis totalement opposé à ce processus qui va dans le sens de la perte totale d'identité de nos territoires ruraux et le grossissement de l'urbain. »

Naturellement, l'État est favorable à la fusion des communes. Mais y'a la manière, aurait pu chanter Jacques Brel. Dans le cas présent, le terme absorption semble refléter la réalité. Sans le moindre projet pour les territoires conquis. La démocratie, c'est ça ?

Naturellement, je ne dépasserai pas les deux pages. http://www.valprionde.com peut vous apporter un complément d'informations sur ma pensée. Espérant recevoir une réponse,

Veuillez agréer, Madame la Préfète du Lot, l'expression de ma considération distinguée.

Madame Catherine FERRIER, Préfète du Lot
PRÉFECTURE du LOT
120, rue des Carmes
46000 CAHORS

Le 14 octobre 2015

Objet : création de la commune nouvelle de «Montcuq en Quercy blanc»

Madame la Préfète du Lot,

Suite à ma lettre du 4 octobre 2015, je me dois de vous apporter quelques précisions, de mon modeste poste d'observateur littéraire et indépendant.

Hier, je suis de nouveau passé aux mairies de Valprionde et

Belmontet pour constater l'absence de compte rendu du conseil municipal ayant approuvé la fusion (les 25 septembre 2015 et 2 octobre 2015). Le 7 octobre 2015, j'en avais constaté l'absence à Lebreil.

L'Article L2121-du Code général des collectivités territoriales créé par la Loi 96-142 1996-02-21 spécifie «*Le compte rendu de la séance est affiché dans la huitaine.*» Un autre texte serait en vigueur ?

Le 6 octobre 2015, j'avais pu photographier celui de Sainte-Croix (du 10 septembre 2015). Où il est noté « *Les communes de Montcuq, Valprionde, Belmontet et Lebreil envisagent de se regrouper pour former une commune nouvelle « Montcuq en Quercy Blanc ».*

Le territoire de la commune de Sainte-Croix se retrouve enclavé dans cette nouvelle commune et de ce fait, Sainte-Croix a été sollicitée pour adhérer à cette nouvelle commune.

Le conseil municipal n'était pas favorable à cette adhésion mais Madame la Préfète a décidé d'inclure d'office notre commune à cette nouvelle commune.

Au vue de cette décision, Madame le Maire propose au conseil municipal de rejoindre la commune nouvelle afin de participer aux études et de faire valoir ses droits.

Madame le Maire lit au conseil municipal la Charte de la commune nouvelle et donne des explications concernant la fiscalité et la gouvernance. Elle propose au conseil municipal de s'exprimer par un vote secret ou de se donner un temps de réflexion. Le conseil municipal décide de se prononcer le jour même et à main levée. Le conseil municipal part 6 voix pour et 1 abstention se déclare favorable à l'adhésion à la commune nouvelle. La délibération sera prise ultérieure. »

En réunion publique le 18 septembre 2015, M. le maire de Valprionde avait présenté le vote de nos voisins bien autrement : Mme le maire de Sainte-Croix aurait souhaité et obtenu un vote favorable avant son départ en vacances. Cette assertion peut avoir influencé les conseillers municipaux de Valprionde.

Les populations des communes concernées n'ayant pas été

informées des réelles conséquences d'une fusion, aucune concertation réelle ne pouvant être démontrée, je vous demande de surseoir à cette fusion. Je présenterai dans un livre dont je ne manquerai pas de vous informer de la publication, quelques pistes de réflexions sur l'identité de ces territoires pour lesquels l'absorption par Montcuq constituerait une lourde faute historique.

Veuillez agréer, Madame la Préfète du Lot, l'expression de ma considération distinguée.

Une belle ruine de Montcuq.

Nous avons vu l'obsession du "2110 habitants" des maires mais madame la préfète semble retenir les chiffres « *population municipale : 1775 habitants et population totale : 1839 habitants.* » (encore des notions différentes... on ajoute les morts depuis moins de trois ans ?)

Pour bien comprendre le ridicule du duo Lalabarde Caumon, il faut savoir que Castelnau-Montratier compte environ 1850 habitants. *J'en ai une plus grosse, de commune.*

Vendredi 23 octobre 2015. Alors qu'à Belmontet, le midi, ne figurait toujours pas en affichage public le compte rendu du Conseil Municipal ayant voté OUI à cette adhésion, *La Vie Quercynoise* obtenait l'exclusivité de la validation préfectorale. Avant les administrés. Une brève à 20:37 par Marie-Cécile Itier.

« Création de la commune nouvelle : Montcuq-en-Quercy-Blanc, (par arrêté de Mme la préfète Catherine Ferrier)

Est créée, à compter du 1er janvier 2016, une commune nouvelle, dénommée Montcuq-en-Quercy-Blanc, en lieu et place de Montcuq, Lebreil, Valprionde, Belmontet et Sainte-Croix.
Le chef-lieu de la commune nouvelle est situé à Montcuq-en-Quercy-Blanc, mairie, 1 place des Consuls 46800 Montcuq-en-Quercy-Blanc. Population municipale : 1775 habitants - Population totale : 1839 habitants.
Des communes déléguées sont instituées sur le territoire des anciennes communes. »

Je découvrais ainsi cette information le samedi matin. Et le facteur me remettrait « la réponse de madame la préfète. »

PREFET DU LOT

Préfecture
Direction des relations avec les collectivités et le public
Bureau des collectivités du développement local et des élections

Cahors, le 20 octobre 2015

Monsieur

Par courrier du 4 octobre 2015, vous avez exprimé vos préoccupations quant à la procédure qui a conduit les communes de Valprionde, Sainte-Croix, Montcuq, Lebreil et Belmontet à se rassembler pour créer une commune nouvelle à partir du 1er janvier 2016.

Selon les dispositions de l'article L2113-2 du code général des collectivités territoriales, « *une commune nouvelle peut être créée en lieu et place de communes contiguës lorsque les conseils municipaux le sollicitent* ». Dans la mesure où les conseils municipaux des communes fondatrices expriment cette volonté dans des termes concordants, le préfet a compétence liée et ne peut que prononcer la création de la commune nouvelle.

La loi n° 2015-592 du 16 mars 2015, relative à l'amélioration du régime de la commune nouvelle, pour des communes fortes et vivantes, apporte des garanties supplémentaires pour assurer la représentation des communes préexistantes. Ainsi, les communes fondatrices auront-elles le statut de commune déléguée. Par ailleurs, pendant la période transitoire allant de la mise en place de la nouvelle collectivité au renouvellement général des conseils municipaux, les maires des communes fondatrices seront, de droit, maires délégués. Enfin, pendant cette même période, tous les élus municipaux composeront le conseil municipal transitoire.

Cette dernière option, laissée à l'appréciation des assemblées délibérantes et retenue par l'ensemble des conseils municipaux appelés à former la commune de Montcuq-en-Quercy, témoigne de la volonté des élus locaux de maintenir des relations étroites avec l'ensemble des territoires de la commune nouvelle et de leurs habitants.

Veuillez agréer, Monsieur, l'expression de ma considération distinguée.

Pour la préfète
Le secrétaire général
Gilles QUÉNÉHERVÉ »

Ainsi, à la préfecture, ils sont déjà passés de Montcuq-en-Quercy-Blanc à Montcuq-en-Quercy. Ils ne tarderont donc pas à dire, comme tout le monde, Montcuq. Montcuq et les conquis ?
Si vous avez élu un peu empereur en 2014, vous fusionnez en 2015. Oui mais on ne savait pas. Alors gueulez ! Plus fort !

Facebook...

J'essaye également sur facebook de susciter un peu d'intérêt pour ce dossier, le livre « les villages doivent disparaître ! »

Un point sur les "communes nouvelles" lotoises :
http://www.lotois.fr/villagesdisparus.html

Les réactions sont rares. Parfois "un miracle" :

Jean-Pierre Riu 8 octobre 10:13
« *Tous ces regroupements, sous couvert d'économies d'échelle, aboutissent à cela:*
-déstabilisation des institutions locales;
-destruction des repères sociaux et culturels;
-centralisation du pouvoir, et donc déshumanisation des structures.
Elles s'inscrivent, à mon humble avis, dans un vaste projet visant à la fois à affaiblir et désorienter la population, ainsi qu'à assujettir les élus et institutions locales.
On observe la même stratégie vis-à-vis des régions, sous le même prétexte.

A noter que le rattachement à une communauté de communes a d'abord été présenté sur la base du volontariat, puis imposé en 2013. Le maire de la commune où j'habitais depuis 2009 a résisté tant qu'il a pu, et cette commune à finalement été rattachée de force à une comcom.
Nous assistons à la mise à mort de ce qui reste de la démocratie... »

Les élections américaines se gagnent, peut-être, désormais sur le net mais dans les campagnes, il s'agit toujours de "la méthode ancienne" où des installés se réunissent presque en secret... Et nous n'avons pas su faire du net un espace d'aide à la démocratie. Nous avons laissé les puissances de l'argent l'accaparer....

Vous n'avez pas l'impression d'être les conquis de Montcuq ?

Relisez simplement le Compte rendu du Conseil municipal de 29 septembre 2015 par transitioncitoyennequercyblanc.org : « *Le territoire agrandi de la nouvelle commune comprendra 5 communes : Le Breil, Valprionde, Belmontet, Ste Croix et Montcuq et s'appellera Montcuq en Quercy blanc ; la population sera de 2 110 habitants. Le chef-lieu de la nouvelle commune sera Montcuq qui s'appellera Montcuq en Quercy blanc ; les communes associées deviendront des communs délégués.* »

Déménagez dans les communs ! « *La pensée mise en commun est une pensée commune* » assénait Léo Ferré dans "*Préface*".

On peut ne pas toujours être d'accord mais la pensée des 57 conseillers municipaux de Montcuq en Quercy Blanc pourrait en apporter un exemple.

Léo Ferré, à ne pas confondre avec l'idole de Montcuq, écrivait quelques lignes plus tôt « *Le poète qui ne se soumet pas est un homme mutilé... L'embrigadement est un signe des temps. De notre temps* » et continuait avec « *Mozart est mort seul, accompagné à la fosse commune par un chien et des fantômes. Renoir avait les doigts crochus de rhumatismes. Ravel avait dans la tête une tumeur qui lui suça d'un coup toute sa musique. Beethoven était sourd. Il fallut quêter pour enterrer Bela Bartok. Rutebeuf avait faim. Villon volait pour manger. Tout le monde s'en fout.* » Et mon camarade Frédéric Dhuême, « *le SDF écrivain* », fut enterré le 1er avril 2015 à Cahors. Nous étions 7 et 5 professionnels de la mise en terre...

Compte rendu non signé, peut-être d'Émmanuelle Garralon, membre fondateur du collectif, comme Charles Farreny, qu'elle a remplacé au Conseil Municipal de Montcuq. Je laissais un commentaire le 22 octobre 2015 : « Bonsoir. Puis-je savoir qui a réalisé ce magnifique compte-rendu de ce conseil qui restera dans l'histoire locale ? Et peut-être même plus... Amitiés S. Ternoise » Réponse dix minutes plus tard : « *Les compte-rendus sont publiés sous la responsabilité de l'association dont les membres écrivent, relisent et valident les articles.* » Relu et validé. On en est là...

La gestion de Montcuq...

En causant de trous de Montcuq... Son Ehpad : le trou financier de la maison de retraite Sainte-Marie est évalué à 1,70 Million d'euros. (et celle de Castelnau, 1,3 Million d'euros)
Pourtant le maire de Montcuq, monsieur Alain Lalabarde, comme son prédécesseur, préside "de droit" le conseil d'administration de l'établissement...

Dans leur *dépêche* en mai 2015 :
« - *Étiez-vous au courant de ce niveau d'endettement ?*
- *Fin 2014, j'ai été averti par l'ARS et le conseil général de certains dysfonctionnements. Depuis mon élection en mars 2014, je demandais la réunion du conseil d'administration qui a finalement eu lieu en décembre 2014, sur lettre recommandée adressée au directeur Jean-Paul Mougeot. À cette époque, on parlait d'un trou de 1,20 M€, sans qu'on ait pu prendre connaissance de l'état exact de la situation. L'enquête menée par la Direction générale des finances publiques (DGFiP) en janvier 2015 a mis en évidence des sommes bien plus élevées. Le budget 2014 nous a été présenté il y a seulement 15 jours. Il n'a pas été voté bien entendu, mais c'est là que nous avons découvert avec stupeur l'importance de la dette. Nous avons le sentiment très désagréable d'avoir été bernés.*
- *Y a-t-il un risque de fermeture ?*
- *Je fais totalement confiance à l'administratrice qui a été missionnée ; tout est désormais entre ses mains. La volonté des institutions et des élus n'est pas de fermer l'Ehpad de Montcuq, qui est aux normes et bien noté. Nous devons pérenniser la structure ainsi que ses emplois. »*
Son prédécesseur est naturellement le plus coupable... mais qu'a-t-il fait depuis son arrivée ? Il ne pouvait naturellement pas écouter les rumeurs, comme au sujet de Cahuzac, François Hollande se devait de faire confiance ?...
Les campagnes pour sauver Montcuq ?
Le Plan d'eau de Saint Sernin, le célébrissime "lac" fut au plat du 3ème Conseil municipal du 28 avril 2014 (où Alain Lalabarde

aurait décidé de revoir à la baisse ses indemnités de maire de Montcuq).

Construit en 1986, il n'était toujours pas vraiment déclaré... La belle époque Daniel Maury quoi !... « *Obligation de faire des études et sûrement des travaux. Le déversoir semble largement trop étroit, incapable d'assurer son rôle s'il venant à avoir un orage trop violent sur le bassin versant* » notait Charles Farreny.

« *L'étude est estimée à 10 000 € TTC. Le plan d'eau fut déclaré (en partie???) en juin 2013. Un arrêté préfectoral laissait 6 mois de délais pour entamer des études, à compter de mai 2013. La mairie espère pouvoir étaler les travaux ou du moins leur financement sur plusieurs années.* » On a dégoté des payeurs !

Montcuq
La chapelle du XIIIeme siècle avant destruction

Cette grange a été rasée en toute légalité par son propriétaire. L'absence de protection du patrimoine local éclata alors en pleine face des élus. Depuis ? Histoire racontée en 2012 dans le livre : *La grange de Montcuq était une chapelle du XIIIeme siècle*

La guerre continue, écrivait Jack-Alain Léger

Faute d'argent, suicidons-nous !

En 1997 Jack-Alain Léger publiait *Ma vie (titre provisoire)*, une présentation de sa confrontation à l'univers de l'édition, se ponctuant par « *Hé bien ! La guerre continue, la guerre pour trouver ce minimum de paix nécessaire, un éditeur, un contrat, de quoi tenir encore quelques mois. J'en suis là.* » Signer un contrat, empocher un à-valoir, si modeste soit-il, écrire sur commande tout et n'importe quoi. Face aux auteurs en grandes difficultés quotidiennes, les éditeurs apparaissent comme des mastodontes financiers. Dix pages plus tôt, l'auteur notait « *où se situe la ligne de partage entre le compromis acceptable et l'inadmissible compromission ?* »

J'aime *Ma vie (titre provisoire)*, publié par *Salvy* (non, pas Malvy). J'avais d'abord cru qu'il s'agissait d'auto-édition mais "Salvy éditeur" fut créé par un certain Gérard-Julien Salvy. Un petit éditeur, peu visible.

Jack-Alain Léger fit une entrée fracassante dans le monde des lettres en 1976, avec "*Monsignore*", chez Robert Laffont : trois cent mille exemplaires, adaptation au cinéma, traduction en vingt-trois langues. Ses livres suivants ne parvinrent pas à renouveler le succès. "*Ma vie (titre provisoire)*" est donc le résumé de cette chute dans la considération du milieu littéraire. Néanmoins, au même moment, il réussissait une nouvelle percée, sous le pseudonyme de Paul Smaïl, un nouveau best-seller "*Vivre me tue*". Ce « *témoignage d'un jeune beur* » publié chez Balland était donc fictif, ce qui choqua certains, quand l'identité de l'auteur fut connue, en l'an 2000. Sûrement les critiques qui ne l'aimaient pas et se sont retrouvés à promouvoir ce texte ! Vive les pseudonymes ! Comme si la littérature, ce n'était pas un jeu de rôles !

« *J'ai su alors ce que peut nourrir de haine à l'endroit d'un écrivain uniquement écrivain la pègre des gens de lettres dont*

142

Balzac a si exactement dépeint les mœurs dans Illusions perdues, *mœurs qui n'ont pas changé, si ce n'est en pire : vénalité, futilité, servilité.*

J'avais perdu mes dernières illusions sur ce milieu dont les pratiques ressemblent tant à celles du Milieu : parasitages de la production, chantages à la protection, intimidations, etc. Publication de livres que l'éditeur juge médiocres ou invendables mais qu'il surpaie à des auteurs disposant d'un pouvoir quelconque dans les médias... (...) Fabrication par des nègres et des plagiaires d'une fausse littérature qui, comme la mauvaise monnaie, chasse la bonne... Calomnies et passages à tabac pour les rares francs-tireurs. « Nous avons les moyens de vous faire taire définitivement ! » me dit, sans rire, un critique, par ailleurs employé d'une maison d'édition et juré de plusieurs prix littéraires auquel j'ai eu le malheur de déplaire. Je n'étais d'aucune coterie, détestant ces douteuses solidarités fondées sur des affinités sexuelles, politiques ou alcooliques, voir une simple promiscuité au marbre d'un journal ou à la table ovale d'un comité de lecture ; j'étais puni. On me faisait payer cher de n'avoir jamais eu de "parrain". »

Le 17 juillet 2013, c'est par un tweet m'étant destiné que maître Emmanuel Pierrat informait le monde du suicide de l'écrivain en lutte.

> @ternoise je sors du commissariat et irai a la morgue demain : Jack-Alain Léger, dont j'étais le tuteur, s'est défenestré. Je le pleure.

Fusionner sa commune suite à la baisse des dotations, sans réel projet, c'est un peu comme se suicider face aux problèmes d'argent. Un écrivain vit de peu ! Mais non, JAL ne s'est pas suicidé pour des raisons financières...

Vous ne voyez pas l'utilité de la présence de cet écrivain dans « soumissions à Montcuq » ? Une illustration du "vivre insoumis". C'est difficile, c'est difficile oui mais...   Et la récurrence du suicide... Une commune peut se suicider...

Comme un écrivain indépendant

Les petites communes insoumises devront organiser un villageothon ? Un peu d'imagination ! Certaines préfèrent se coucher. Et comme les sociétés victimes d'OPA, elles seront dépecées, vendues en lots ?

Que va faire Montcuq d'autant d'églises, murets, mairies et chemins ? Une grande braderie ?

La petite Maurytanie

En janvier 2007, je publiais "*Montcuq : libérer la petite Maurytanie*" dans "*Global 2006*". Le texte fut et reste abondamment présenté sur Internet. Aucune réaction officielle. J'ai parfois recroisé Daniel Maury. La dernière fois, le 6 mars 2008 : il souhaitait poursuivre sa carrière, avec un nouveau mandat de Conseiller général.

Je m'étais rendu une fois dans son bureau de maire de Montcuq, après qu'un employé communal n'ait pas respecté le droit de vendre des livres sur la voie publique, même les jours de marché, quand aucun décret local ne l'interdit. C'était le 25 juillet 2002. Il s'était voulu aimable, "de gauche"... Lui ayant alors proposé l'organisation d'un salon du livre, en partenariat avec salondulivre.net, j'avais compris son enthousiasme limité pour les initiatives culturelles "individuelles", son souhait d'un contrôle par des inféodés... Peu après fut lancé un "festival de chansons" avec Daniel Maury sur les photos et en programmation les ami(e)s de l'organisateur. Mais c'est subventionné !

Montcuq, jeudi 6 mars 2008, "espace Animations", à partir de 21 heures. Environ soixante assis. J'arrive quand le Conseiller Général en exercice s'avance vers le pupitre, il nomme sa remplaçante, Jeanine Ausset, maire de Saux, souhaite qu'elle ne le remplace pas ! Sans note, l'homme a des difficultés à justifier pourquoi elle est sa colistière. Il ne lui donnera pas la parole de la soirée, elle ne la prendra pas. Elle ne semble guère motivée... Il se dit d'ailleurs qu'elle serait plus proche de l'UMP que de la gauche... Je l'observe parfois : elle a l'air de ne pas apprécier son rôle de potiche. Pourquoi l'a-t-elle accepté ? Je pense : il sera intéressant d'observer quelles subventions Saux obtiendra si monsieur Maury est réélu.

Mentalement je l'imagine, monsieur Maury, dans un cercle restreint pester « avec ces conneries de parité, il fallait une femme et il n'y avait qu'elle comme maire dans ce canton, elle m'emmerde ! »

Il est encore dans l'improvisation quand il se présente : « *vous me connaissez... je ne vais pas vous dire que je suis intègre... »* Là je me retiens de pouffer... naturellement, une telle phrase se veut une autoconsécration d'intégrité... Non, ne le dis pas, personne ne te croirait (toujours les pensées de l'observateur qui peut tutoyer lors d'une exclamation !)

Puis il se penche sur ses notes, et c'est parti... tagada tagada... le « léger » flottement est oublié... *« ensemble continuons »*... donnez au clan Maury toutes les clés du canton...

M. Maury justifie son cumul des mandats. Et d'ailleurs, ceux qui osent le critiquer, en feraient de même s'ils étaient à sa place. Il a sûrement raison mais quel argument ! Du même niveau : il vaut mieux pour Montcuq en Conseiller Général l'élu de la ville... (question de clientélisme ?) Le but n'est donc pas de faire avancer les belles idées du radicalisme, justice sociale, équité ?... je plaisante… je sais bien...

Les questions n'en sont pas vraiment... sur l'eau, l'élu apporte un éclairage qui aurait dû scandaliser : Gérard Miquel souhaite un regroupement de sa gestion, que tout le monde en arrive à payer le même prix, et pour cela il détient l'arme fatale : couper les subventions aux mairies réticentes. Une moue semble signifier sa désapprobation de cette option... mais il n'ira pas plus loin dans la critique, sûrement une loi non écriture du clanisme départemental. Et j'ose questionner sur le wifi, opposé à l'adsl. M. Maury ignore la loi de 1905 et 1907, relative aux lieux de culte et leurs conséquences sur la présence d'antennes sur les églises... il n'a pas vraiment de réponse. Difficile de faire la distinction entre adsl et wifi... santé publique... empoisonnement des populations... alors monsieur Michel Castagné se lève... je ne lui ai rien demandé mais sec, il se veut péremptoire, et assène *« la vérité. »* Naturellement ce "soutien historique" à M. Maury est applaudi... Il se prétend même avoir été attaqué sur montcuq.info et brode sur les attaques dont seraient victime également M. Maury... sous vos applaudissements... et toujours sec, limite agressif... Je ne me sens pas tenu de répondre. Il est des personnes avec lesquelles le dialogue semble impossible... Quelle mouche a piqué ce petit notable inutile (pensée) ?... Ainsi l'auditoire aura oublié qu'en fait M. Maury n'a pas répondu à la question ? Aura retenu la sortie de monsieur Castagné ayant réduit en cendres (ils le croient ?) l'inconscient osant poser une question non autorisée ?

Très intéressant, pour l'observateur, cet « incident »... et les réactions...

Des hommes que je ne connaissais pas défilent au pupitre. Ils s'expriment sans se présenter, tellement il leur semble évident d'être connus par toutes et tous. Leur message : votez Daniel Maury. Pourquoi ? parce que c'est lui – aucun argument crédible. Et ils attaquent les candidats qui osent critiquer le chouchou.

Dès le coup de sifflet final, je pars rapidement. Pas envie de parler à qui que ce soit dans une telle ambiance... J'ai senti la volonté d'imposer ce qui plaît à un clan en prétendant qu'il n'y a pas d'autres solutions. Et faire taire toute voix divergente. Le candidat de la politique du diktat... et les inféodés sont les bienvenus.

Jeanine Ausset a hérité du poste au Conseil Général, où elle fut estampillée PRG... ce qui surprit dans le canton ! Après petite enquête elle semble se considérer « sans étiquette » mais accepte le "tatouage".

« *Touché par des problèmes de santé qui ne lui permettent plus d'assumer ces fonctions avec la rigueur et l'engagement qui ont toujours caractérisé son action, Daniel Maury, conseiller général PRG de Montcuq vient d'envoyer sa lettre de démission au préfet du Lot, après en avoir averti le président du conseil général, Gérard Miquel* » notait sa *Dépêche du midi* le 4 octobre 2012. Le même quotidien, propriété de Jean-Michel Baylet, président du PRG, consacrait peu de place, finalement, à la dernière étape, publiée le 8 février 2013 : « *Daniel Maury, dans tous les cœurs* », sous-titré « *Un millier de personnes à Saint-Cyprien.* »

On ne peut rien reprocher à Laurent Benayoun : quand on accepte de travailler dans un tel "organe de presse", il faut suivre. « *Une immense foule a partagé, hier, à Saint-Cyprien, la douleur de la famille de Daniel Maury. L'ancien maire et conseiller général PRG de Montcuq s'est éteint lundi à l'âge de 66 ans.* »

Selon ses informations, la foule eut droit à de la musique, du Nino Ferrer « *On dirait le Sud* ». Saint Cyprien oblige ! Les « *élus (le conseil général au grand complet, les maires du Quercy Blanc), personnalités (Maurice Faure, Bernard Charles, très affecté, la veuve de Nino Ferrer) ont accompagné Daniel Maury ailleurs.* » Gérard Miquel aurait parlé : « *Daniel était un homme attachant, passionné, engagé. Il était simple, tendre et humain avec les autres* ». Il n'est pas précisé s'il est parvenu à convaincre son auditoire de sa sincérité.

Dominique Orliac, la députée, non citée parmi les élus ni les personnalités, était bien présente, elle « *termina son hommage au bord des larmes.* » Auparavant, elle avait, à son tour, salué « *l'humaniste au lien si fort avec le Quercy Blanc. Il avait imprimé son empreinte à ce territoire. Daniel était aimé et respecté. Il était fidèle à ses convictions radicales et républicaines. C'était un homme de terrain, qui avait le sens du consensus*». *Pour le médecin devenue amie "Daniel regardait la maladie sans ciller. C'était un géant d'amitié"*». Un géant ! Vu de quelle fourmilière ?

Trois jours plus tôt, le même journaliste avait été chargé, dans un article plus long, d'apprendre la nouvelle à son fidèle lectorat, osant même écrire, faute peut-être de vocabulaire plus dithyrambique (mot peut-être inconnu des abonnés) : « *L'élu de Saint-Cyprien, et du canton de Montcuq, était un homme respecté de tous. Un élu engagé, proche des gens et défenseur acharné de sa terre.* » Au montage, peut-être, une précision fut gommée "Proche des gens du PRG" ? Quant à la formule sur l'homme respecté de tous, c'était certes la circonstance pour la placer et il est vrai qu'on ne m'a pas signalé de feux de joie ni d'artifice, pas même de défilés. Je pense qu'il y eut une grande indifférence : si ce n'avait pas été lui, c'aurait été un autre ; c'est le système qui est mauvais, qu'il faut changer, les opportunistes qui accaparent les places méritent un simple sourire insoumis, sûrement traduit dans de nombreux foyers par l'envie de reprendre l'apéritif ou des pâtes aux œufs frais. Il eut également droit au label assimilable au certificat du Paradis : « *Une figure du radicalisme lotois vient de disparaître.* » Un passage essentiel pour qui veut comprendre, peut-être même comprendre la vie ! Le journaliste n'y a peut-être pas pensé, se contentant de rapporter des faits, ce qui est tout à son honneur... « *Sa carrière politique, qu'il avait dû délaisser du fait de sa maladie, aurait pu prendre une autre tournure en 2002. Daniel Maury avait, en effet, remplacé au pied levé Bernard Charles, député de la première circonscription, qui avait renoncé à se présenter aux législatives. La désunion de la gauche ajoutée à la Berezina de la défaite de Lionel Jospin avaient conduit son adversaire de droite, Michel Roumégoux, à la victoire. Daniel Maury avait été blessé par cet épisode. Il s'en remit lentement pour repartir à l'assaut, se réfugiant sur ses terres du Quercy blanc et au bord des terrains de foot, son élément naturel.* »

Daniel Maury blessé de ne pas être député sur des terres qualifiées d'ancrées à gauche ! Il y a donc vraiment cru ! Il y perdait même rapidement, après cette aventure, son bref leadership lotois, remplacé par la femme au bord des larmes en 2013, qui elle réussirait à l'emporter en 2007. Il dut alors comprendre qu'il ne serait jamais député... Tout était perdu ! Tellement de pouvoirs mais incapable de franchir la marche suivante ! Devoir se limiter au canton de Montcuq, et peut-être ne même pas résister à la fusion avec celui de Castelnau-Montratier ! La maladie est entrée par cette blessure ? C'est fragile, une vie, "un rien" peut la briser...

Parmi les réactions, celle de Martin Malvy, qui ne se déplacerait donc pas à l'enterrement : « *C'est avec beaucoup tristesse que j'apprends la disparition de Daniel. C'était un homme d'action, un élu rigoureux, passionné par ses fonctions de maire, de président de communauté de communes. Daniel a longtemps présidé l'office HLM du Lot. Il s'était là aussi dévoué au développement de notre département.* »

Il convient donc d'en conclure qu'il n'y eut ni réaction ni accompagnement à la dernière demeure, chez Jean-Michel Baylet, pour lequel Daniel Maury fut pourtant un bon soldat cantonal. Eh oui, mec, fallait au moins devenir député, alors là peut-être même serait-il venu accompagné de Sylvia Pinel.

Lundi 15 décembre 2008, soit quelques mois après sa réélection au Conseil Général, Daniel Maury avait laissé son fauteuil de maire à son premier adjoint, Guy Lagarde. Une forme de continuité : un ancien assistant parlementaire de Bernard Charles puis de Gérard Miquel. Aucune "révolution culturelle."

Les mauvaises langues ont osé en conclure qu'on peut rester au Conseil Général même si l'on n'est plus en capacité d'exercer son travail quotidien…

Montcuq : libérer la petite Maurytanie (2006). Le texte originel.

Dire Lot est un mensuel lotois. Pascal Serre, directeur de la publication, titre son éditorial, en février 2004, « *les clans ont la vie dure* ». Il y dénonce « *le fameux clientélisme dont, à l'époque, personne ne s'est plaint et, sur lequel, aujourd'hui se vautrent toutes les excuses des retards constatés.* »

[précision notée lors d'une réédition en 2013 : « *ceux qui accusent les autres de clientélisme sont souvent ceux qui n'ont pas réussi à être élu ou réélus. Faire de la politique, c'est être à l'écoute et, par définition, chercher à rendre service* » pourrait lui répondre Martin Malvy dans "*Des racines, des combats et des rêves*", ses entretiens avec Jean-Christophe Giesbert et Marc Teynier, publiés le 7 octobre 2010, par Michel Lafon]

Gérard Miquel était annoncé successeur probable de Jean Milhau, une manière de tourner la page PRG, Parti Radical de Gauche, dont les origines sont détaillées plus loin : 1958-1967, avec « *l'implantation de Maurice Faure* » : « *ce que l'on a nommé le faurisme, établi sur les faiblesses géographiques et démographiques du Lot, constitué par un clientélisme qui faisait dire que 'tous ont mangé dans la main du César républicain.'* »

Quelques mois plus tard, Gérard Miquel s'est lové dans le moule de ses prédécesseurs, ajoutant même une dose de populisme avec « *une large consultation* » sur l'avenir du Lot (surtout une manière de se faire connaître des lotois !... la forme rappelle la consultation d'Edouard Balladur au temps de ses rêves élyséens), et *Dire Lot* titre, sans état d'âme apparent, en novembre 2005 : « *Daniel Maury, l'enfant du* pays »... quasi publi-reportage où le président du PRG lotois intronise naturellement Maurice Faure quand on lui demande son « *homme célèbre* », le propulsant ainsi à la même hauteur que Marie Curie sa « *femme célèbre.* » Le petit jeu de « *la vie en questions* » permet de cerner le notable : Thierry Ardisson « tout le monde en parle » en émission préférée, Alain Delon comme acteur, Brigitte Bardot actrice... La question de l'écrivain préféré brille uniquement par son absence.

Aucun commentaire quand il assène « *les valeurs démocratiques, laïques et républicaines du radicalisme me vont comme un gant* »... sûrement un gant de boxe pour massacrer toute velléité d'insoumission au pays du clientélisme (Robert Hersant et Bernard Tapie sont entrés en politique via ce parti...).

Doit-on en conclure que *Dire Lot* misait sur Gérard Miquel... et soutiendra « loyalement » la majorité unanimité départementale PS-PRG et divers ralliés ?

Je suis arrivé dans le canton en 1995... naturellement le notaire avait évité de m'informer qu'un projet de ligne à très haute tension passait à cinq cents mètres de là.

Une décennie et les réseaux sont disséqués !

« On ne peut rien y changer, ici c'est comme ça... »

La politique des clans est discrète, sans fuite dans les médias...

Un seul quotidien dans le département : *La Dépêche Du Midi* de Jean-Michel Baylet (aussi président de ce PRG) ; un trimestriel distribué gratuitement sur le canton : *Le Petit Canard*... président d'honneur Daniel Maury, financé par la communauté de communes (présidée par le même), le Crédit Agricole (le président du Conseil d'Administration local, est un maire du canton, un soutien du même), la Banque Populaire (un membre du Conseil d'administration de la Banque Fédérale des Banques Populaires est aussi vice-président délégué de la Banque Populaire Occitane, après avoir été le Président de la Banque Populaire du Quercy et de l'Agenais... un maire du canton, appelant à voter pour le même), la Saur (service de l'eau implanté à Montcuq, contrats avec de nombreuses municipalités).

151

Ainsi Montcuq est un charmant, pittoresque petit village du Lot, popularisé par la télévision... où tout est pour le mieux dans le clan du Maury... Peut-être même qu'aucune pression n'est nécessaire sur la Banque Populaire, le Crédit Agricole et la Saur, les directions souhaitent souvent plaire aux « hommes forts » !

Le mieux est de s'y faire une petite place. Conseil ! La noble posture en France consiste à dénoncer le comportement des hommes politiques de droite au pouvoir. Mais c'est au niveau local que la démocratie se décompose, quand des élus utilisent l'étiquette « de gauche » pour mener leur petite carrière, ni de gauche ni de droite, simplement une rente de situation, une imposture.
Les petits avantages (comme une subvention à son association, une invitation à un vernissage, un passe-droit...) retiennent bien des langues. Mais aussi la certitude de ne pas intéresser au-delà du canton, finalement, avec ces dérives si fréquentes. Les bouffonneries cantonales intéressent moins que leurs compagnes nationales.

Pouvoir vivre sans subvention, sans médaille ni portrait dithyrambique dans la *dépêche du midi*, sans côtoyer les petits pantins, permet une liberté de parole accentuée par la possession du site montcuq.info.
Pourvoir s'exprimer publiquement est rare mais pas impossible. Michel Onfray, un dimanche sur France-Inter balance « *Agir là où l'on est en faisant les choses auxquelles on croit (...) Vivre en province, travailler en province, faire des expositions à Argentan, petite ville de sous-préfecture où j'habite, sans budget, sans l'aide des politiques locaux qui sont des nuls.* »
Quelques jours plus tôt, sur la même antenne, Renaud Donnedieu de Vabres, ministre de la culture se posait en garant : « *Il faut reconnaître que dans la France actuelle, les artistes ont une liberté d'expression un peu supérieure à celle du citoyen moyen.* »

Qui écrira STOP ? Est-ce qu'un jour l'un des soutiens osera le défier politiquement ? Ou ils attendront tranquillement pour prendre la place, profiter de ses avantages ? Le canton est condamné ? Combien d'années encore subirons-nous le décalage entre cette vieille politique et l'évolution du monde ? L'UMP et l'UDF sont nos seuls espoirs ? Ainsi progresse l'abstention.

_____

2006 : Premières élections en Mauritanie, depuis le putsch militaire qui a brisé la dictature au pouvoir durant deux décennies.

[Note 2013 : seule la finitude, la maladie puis la mort, peut sortir les vieux élus PS-PRG du Lot ? La hausse du vote FN, pourtant sans véritables figures dans la région Midi-Pyrénées, devrait constituer un élément de réponse au découragement démocratique. Oui, "des gens de gauche" finissent par voter FN car ils considèrent comme des usurpateurs ces hommes et quelques femmes avec l'étiquette "gauche"]

1963 - 1994 le conseiller général de Montcuq, Maurice Faure cumula cette fonction avec la députation (1951 à 1983), le sénat (1983 à 1988), la mairie de Cahors (1965 à 1989), la présidence du Conseil Général (1971 à 1994), les fonctions ministérielles (dont Garde des Sceaux, ministre de la justice du gouvernement Pierre Mauroy, du 22 mai au 23 juin 1981, Ministre d'État, ministre de l'Equipement et du Logement du gouvernement Michel Rocard du 12 mai 1988 au 22 février 1989)

> 2015... Si la fusion à cinq se réalise, il serait passionnant, drôle, instructif et risible qu'une étape suivante entraîne l'adhésion de St Cyprien, où la veuve de Daniel Maury siège au Conseil Municipal. S'auréolant de son nouveau titre de "conseillère départementale de Luzech", et 6e vice-présidente chargée des Personnes âgées et handicapées, Maryse M pourrait alors "légitimement" s'asseoir dans le grand fauteuil, et ainsi la boucle serait bouclée, le PRG et sa dépêche consacrés, et les troisièmes couteaux recasés... dans des associations ? Elle s'entourerait de nombreux adjoints ?

Vivre à genoux est peut-être nécessaire...

Né le 21 août 1967 à Conflans-Sainte-Honorine, Stéphane Charbonnier, alias Charb, fut assassiné un 7 janvier malgré une « protection policière » dont la minceur suscitera peut-être un jour de nombreuses indignations.
En septembre 2012, dans *Le Monde*, il déclarait : « *C'est peut-être un peu pompeux ce que je vais dire, mais je préfère mourir debout que vivre à genoux.* »

Rester debout et vivant ne fut jamais facile.

« *Serait-il impossible de vivre debout* », chantait Jacques Brel.

« *Je n'ai d'estime que pour ceux qui me résistent, mais je ne peux pas les supporter.* »
Charles de Gaulle

« *Je veux n'être jamais lié à un parti politique, quel qu'il soit, à aucune religion, à aucune secte, à aucune école.* »
Guy de Maupassant, lettre à Catulle Mendès en 1876.

« *Quand j'eus enfin compris que, dans l'état du système et par rapport à lui, j'étais moins qu'une merde, je devins pour de bon parfaitement heureux. (...) Certes oui, l'art c'est bien beau, objectait-on en bonne logique, mais il faut travailler pour vivre, et alors vous vous apercevez qu'on est trop fatigué pour penser encore à l'art.* »
Henry Miller, *Tropique du Capricorne*, 1939

A la bibliothèque "intercommunale" de Montcuq, vous ne trouverez pas "*On en est là*" : roman (sorte de) de Jack-Alain Léger.
« *C'est un roman ? Une sorte de. Dont certains personnages, fort peu romanesques, se nomment Chirac, Jospin, Chevènement ou Martine Aubry... Fort peu romanesques mais farcesques, mais ubuesques, Chichi, Yoyo, Le Che, Titine ! Des clowns !... »

Brève du futur

Le teknival de Montcuq dépassait hier 10 000 teufeurs venus de la France entière, d'Angleterre, d'Espagne, des Pays-Bas et de la Belgique

Mais les bourgeois des quartiers historiques se rassuraient : ils étaient parqués en banlieue, ces territoires conquis doivent servir ! Et les forces de l'ordre veillaient à ne pas permettre leur entrée dans le périmètre sacré.

Les églises dont on se demandait comment alléger leur poids sur les finances publiques, le Qatar n'ayant pas donné suite à son option d'achat, arguant d'une communauté musulmane insuffisante, elles sont tombées, et nos chers artisans locaux ont accepté de nous débarrasser de leurs pierres.

« *Rassurez-vous, Rouillac, habituellement toujours ouverte pour les marcheurs de Saint Jacques de Compostelle avait été fermée et l'accès également protégé. Nous tenons à notre patrimoine contribuant à l'enrichissement local* » déclamait du haut de son célèbre fauteuil roulant monsieur Patrice du Caumon (depuis l'élection à la présidence de la République d'un particulé il avait suivi le mouvement) puis il se leva, il prit la brioche, la rompit et l'offrit à son fidèle compagnon, son caniche *P'tit P.* qui lui lécha la main droite, celle qu'il tendit à madame Maryse de Maury et ils entrèrent dans l'église St-Hilaire afin d'admirer les nouveaux vitraux. Nicolas Perrin immortalisait la scène pour *La Vie Quercynoise*.

« *Le conseil municipal ne manquera pas d'organiser une grande fête à neuneu sur chaque espace public quand sa nouvelle vocation aura été décédée par votre dévoué maire et ses dévoués douze adjoints.* » (M. Alain Lalabarde auquel la boutade serait une nouvelle fois reprochée ; c'est trop injuste !)

[Non, là, mon ami, mon cher ami, tu franchis la ligne jaune l'écrivain, un peu comme un maire qui balancerait en réunion publique à un administré « toi, tais-toi, tu payes ta taxe d'habitation à Cahors, si tu la payais ici, ça nous ferait du bien », ligne jaune d'essayer d'effrayer les bons contribuables ; oui, peut-être, mais il arrive un moment où il convient d'égrainer les derniers arguments aptes à réveiller… quand "plus personne" ne souhaite perdre son temps à réfléchir. Et quand même ceux qui iraient cracher sur sa tombe n'ont pas le courage de crier « démission ! »]

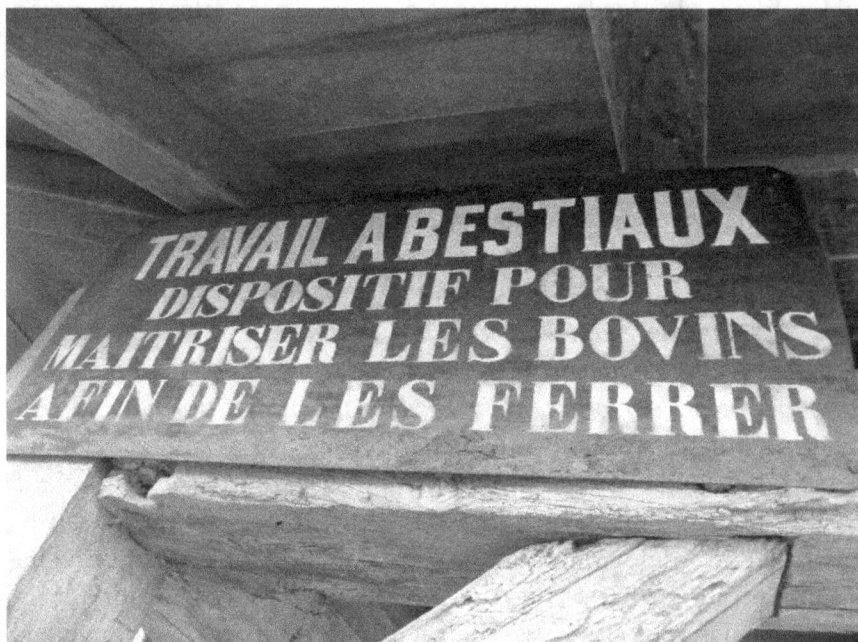

À Montcuq... Une similaire trace du passé existe à Ste Croix, près de la mairie. Pour maîtriser les bovins, et non les écrivains. Un jour peut-être...

Cet essai n'arrangera pas mes relations avec les politiques et les médias inféodés !

À l'amie inquiète d'un risque d'autocensure globale des journalistes après un tel texte iconoclaste, j'ai cité Marcel Aymé : « *la seule raison que nous ayons d'écrire, c'est pour dire des choses. Qu'importent les conséquences.* » Et si je reprends ici cette réplique, c'est en hommage à une plume restée libre dans des circonstances nettement plus dangereuses pour l'insoumission. Il répondait ainsi à Henri Jeanson, ami le mettant en garde sur le danger d'articles contraires à l'idéologie dominante, en 1940 (à la même époque Louis Malvy votait les pleins pouvoirs au maréchal Pétain).

J'ai déjà noté cette remarque dans un précédent livre. Il s'est si peu vendu ! Dans la société du spectacle du vingt-et-unième siècle, seul un "exceptionnel concours de circonstance" peut permettre un retentissement national de mes écrits...

Quant à mes relations avec les médias, elles sont déjà quasi inexistantes… Mais ça devrait s'arranger avec le temps...

Voie romaine près du dolmen

157

Absorption aux insoutenables relents féodaux

De toutes les raisons avancées dans le refus d'une fusion entre ces communes, la plus évidente c'est qu'il ne s'agit pas d'une fusion mais d'une absorption aux insoutenables relents féodaux.

Mais nos barons, nos petits seigneurs, semblent avoir les moyens de ne pas se soucier de l'opinion des administrés.

Ils ont été élus en 2014 sans avoir présenté ce projet et l'imposent en 2015.

Quel est en le but, l'objectif ? Aucun "mieux vivre" des habitants n'est prévu... Une simple logique financière : l'augmentation de 5% de la dotation fiscale... durant trois ans ? Des projets pharaoniques où des proches s'en mettront plein les poches ? (les gens n'osent pas l'ouvrir mais imaginent parfois de ces choses !) Une *caumontagne* (avec piste de ski) ?

Aucune ambition collective annoncée mais des ambitions personnelles tellement visibles qu'elles s'aperçoivent sous le masque du désintéressement républicain.

Certes, d'une manière pratique, Montcuq est favorable au doublement de son territoire et à l'afflux de gogos disposés à payer plus d'impôts.

Si Montcuq envisageait cette fusion comme une réelle fusion, la gestion de 4601 nouveaux hectares devrait rebuter une commune de 3 222. Mais il s'agira naturellement de collecter l'impôt sans se soucier des manants...

Oui, on liquide bien la révolution française. Les privilèges étaient rentrés par la fenêtre, la féodalité passe par la porte de la République.

« Dans cette élection, il s'agit de savoir si l'héritage de mai 68 doit être perpétué ou s'il doit être liquidé une bonne fois pour toutes », déclarait Nicolas Sarkozy en avril 2007 au Palais Omnisports de Bercy lors d'un meeting enflammé d'avant présidentielles. Il voulait *« tourner la page de mai 68 »* mais divorça à l'Élysée puis y épousa une chanteuse italienne. Après les indiscrétions sur son mépris pour les sans-dents, c'est uniquement sous la douche que François Hollande fredonne « *oui,*

oui, oui, liquidons, la Française Révolution, tagada, tagada, tagada, décentralisation, privilèges, féodalité, constitueront le code de la bombe atomique » ?

A Belmontet : surprise à essayer de brouter de l'autre côté...

La maison de retraite de Montcuq

Que suis-je selon eux ?

Extrait revu et amplifié d'un livre publié le 8 mars 2015

Dans leur conception des relations humaines et sociales, leur sens des mots, c'est peut-être moi l'...
Ou l'enfoiré ?
Ou le marginal ?
L'indigne ?
L'anarchiste ?
L'idiot ? (alors que je pourrais gagner du fric ; "il en a les compétences"...)
Le mauvais exemple ?
Un pauvre con ? (casse-toi pov' con ! Mais non monsieur le maire, ce sont bien vos initiales mais on ne parle pas de vous ; pourriez-vous préparer une petite blague sur le sujet du PC ?)
Le rêveur ? (croire qu'il sera lu ! ah ! ah !)
Le blacklisté ?
L'ivoirien ?
Le poète ?
L'inadapté social ?
L'invalide à 60% ?...

Je ne changerai pas ces gens... L'essentiel : ne pas devenir comme eux.
Fréquenter "la foule" comporte des risques... Sénèque le constatait déjà.
S'isoler totalement en comporte d'autres...
Avec le temps, on croise parfois des personnes avec lesquelles partager quelques affinités, et même une bière de temps en temps...

160

Je suis Anna Blume !

En 1987, Paul Auster publiait "*In the Country of Last Things*", au pays des choses dernières. Mais la traduction française fut lancée sous le titre "*Le Voyage d'Anna Blume.*" Une très mauvaise initiative. Car il s'agit bien d'un voyage au pays des choses dernières. Les lectrices et lecteurs francophones furent considérés trop bêtes pour comprendre ?

Sous la forme d'une lettre dont on ignore la manière dont elle a pu sortir de cet enfer, Anna Blume raconte l'histoire de son errance sur un territoire coupé du monde, où elle a décidé de se rendre à la recherche de son frère. Dans ce « pays des choses dernières », il s'agit de survivre.

« Il n'y a rien que les gens se retiennent de faire, et le plus vite tu l'auras compris, le mieux tu te porteras. »

« Tôt ou tard, vient un moment où l'on ne fait plus l'effort de se relever. »

« On pouvait travailler tant qu'on voulait, il n'y avait aucune possibilité de ne pas échouer. »

« Tu ne peux survivre que si rien ne t'est nécessaire. »

> Vous vous souvenez de l'article de leur *dépêche* où le maire Alain Lalabarde aurait présenté la fusion avec l'objectif « *de permettre aux petites communes de survivre* » ? Une référence à ce roman ? Ils doivent bien avoir des références...

La France n'est pas ce « pays des choses dernières » ! Il faut certes accepter "une certaine pauvreté" pour vivre sans s'agenouiller (ou alors avoir un immense talent prétendront peut-être certains en souriant)...

Jusqu'au jour où un "expert" signera le papier nécessaire et suffisant, naturellement pour le bien d'un vilain « *connu pour son comportement marginal et son emportement à l'égard d'autrui* », et l'écrivain mâté sera placé. Il « *vivait dans des conditions d'hygiène déplorables* » ! Il se trouvera toujours des "experts" pour ce genre de formalités bien rémunérées, comme il s'en trouvait pour envoyer dans un camp de rééducation ou d'extermination.

La Commune se lèvera

Louise Michel n'est plus considérée comme une dangereuse anarchiste dans la région, puisque le maire de Cahors en personne, monsieur Jean-Marc Vayssouze-Faure, a débaptisé une rue de sa ville pour honorer ce nom.

Personne ne peut prendre le risque de critiquer monsieur Jean-Marc Vayssouze-Faure à Montcuq...
Il est encore jeune et peut raisonnablement finir sa carrière comme maire du "très gros Cahors", englobant ce que fut Montcuq, et naturellement les quatre banlieues dont les particules peuvent déjà être oubliés.

Louise Michel... Chanson des prisons, mai 1871:
« *Quand la foule aujourd'hui muette*
Comme l'Océan grondera,
Qu'à mourir elle sera prête,
La Commune se lèvera »

De la poésie, tout cela, messieurs dames...

Belmontet

162

N'ayez pas peur !

À la Cathédrale de Cahors, le nouveau Saint Jean-Paul II est apparu quelques mois près de notre lotois Perboyre, avec en exergue l'une de ses phrases emblématiques "*n'ayez pas peur.*"
De manière surprenante, les citoyens semblent ne plus oser exprimer des avis... Chantez, même !
Il suffit parfois qu'un homme seul se lève... en plus nous sommes au moins trois !... Par village !

De manière surprenante, les citoyens semblent ne plus oser exprimer des avis... Certains, certes, à force de limiter leurs informations à la télévision n'ont plus que les idées de leur télévision et réagissent de manière émotionnelle, pain bénit pour un maire à la rhétorique préparée à de tels opposants.

« Il faut reconnaître que dans la France actuelle, les artistes ont une liberté d'expression un peu supérieure à celle du citoyen moyen » résumait donc Renaud Donnedieu de Vabres, ministre de la culture, le vendredi 26 mai 2006 sur *France-Inter*. On a déjà liquidé 2006 ? Mais naturellement, les femmes et les hommes au pouvoir ont les moyens de limiter l'audience des "artistes".

Ce livre sera le premier à entrer à la bibliothèque de Montcuq ?

Certains auteurs n'entrent pas à la bibliothèque de Montcuq

Une chatte de Montcuq, parmi tant d'autres. Ne vous plaignez pas d'un humour non autorisé par l'évêché... Il faudra vous habituer : monsieur Caumon maîtrise l'art de la petite blague foireuse pour essayer d'amadouer la foule.

Le fossoyeur des patelins

J'suis l'fossoyeur des pat'lins
Le gars moderne, rural mais citadin
Une résidence secondaire
J'connais leur terre
Jeune retraité avoir conquis
Leur minable petite mairie
Bien sûr j'ne leur ai rien dit
Du grand programme de leur agonie
Du passé faisons table rase
On les écrase
Les villages vont fusionner
Nos grandes villes doivent les absorber

J'bouche les trous, les p'tits trous, la mort des p'tits trous
Des p'tits trous, tas d'cailloux, la fin des tas d'boue

Les trous tous à la casse
Les trous nous agacent
J'me dévoue, ces p'tits trous, la mort des p'tits trous
Des p'tits trous, tas d'cailloux, la fin des tas d'boue

J'suis l'fossoyeur des patelins
La France doit s'moderniser on l'sait bien
On s'fout d'nous sur la planète
On s'paye not'tête
Avec nos communes confettis
Nos maires sans idéologie
J'vais donner à la France
Un exemple concret de bonne gouvernance
Quand l'auditoire divague
J'sors mes blagues
On les entube sans vaseline
Les ruraux aiment la discipline

Pour m'sortir de ce trou et ses vieux jaloux
Les p'tits trous, j'les dissous, j'donne des interviews

On me sait de taille
Gagner la bataille
En venant d'un p'tit trou les mettre à genoux
D'la commune nouvelle, devenir grand manitou

Les petits trous on les dissout
D'un très grand trou, grand manitou

J'suis l'fossoyeur des pat'lins
L'ambitieux vous mettra tous dans l'pétrin
Je me marre, oh la belle claque
Tous dans l'même sac
J'ai d'mandé qu'on m'incinère
J's'rai jamais dans leur cimetière
Les Boris Vian du futur
N'auront qu'à cracher dans la nature
J'sais bien qu'au bout d'ma route
La déroute
Mais je peux vous jurer qu'avant
J'détruirai le monde paysan

J'veux plus d'trous, c'est l'dégoût, troublants petits trous
Maudit trou où j'ai grandi, j'suis né dans un trou

J'les écoute geindre
Je n'vais pas les plaindre
Leur p'tit trou, ce p'tit trou, il est à genoux
Belle revanche, les vieux fous, m'surnommaient pioupiou
J'en suis l'dernier grand marabout
Rayé de la carte ce p'tit trou et ses vieux fous
Comme tous les trous, les petits trous, j'déteste les trous

(Adaptation de : *LE POINCONNEUR DES LILAS*
Auteur - Compositeur : GAINSBOURG SERGE)

Pour toute interprétation publique, la déclaration sacem est obligatoire : *Le fossoyeur des patelins* (Stéphane Ternoise)

Hé bien dansez maintenant (retour à *La Cigale et la Fourmi*)

Le petit empereur
veut fusionner les villages

Pièce en trois actes

Distribution : deux hommes, une femme.

Trois personnages, la soixantaine : le maire, sa femme et le premier adjoint.
Si seulement trois ans séparent le maire de son épouse, il en paraît vingt de plus.
Le maire, ancien "très haut dirigeant" de très grandes entreprises, physiquement très éprouvé, ses mains, son visage tremblent, il parle lentement.
Madame, sa femme, très coquette, après une vie de dilettante plus ou moins "passionnée par l'art", qui a simplement constitué un divertissement.
Le couple est revenu dans la maison familiale quelques mois avant les dernières élections municipales où monsieur a facilement conquis la mairie.
Le premier adjoint, au village depuis une trentaine d'années, aux compétences reconnues, reste considéré comme un étranger. Dans ce sud-ouest, il convient de présenter au moins trois générations d'ancêtres locaux avant de pouvoir être admis "du pays".
Les trois actes se déroulent dans le vaste salon du couple aux deux majestueux fauteuils.

Durée : 1 heure 15.

Terminée en février 2015, cette pièce fut publiée le 20 avril 2015 et reprise dans *Les villages doivent disparaître !* du 10 mai. Une troisième publication, c'est trop ? J'ai ainsi hésité. Si des milliers (millions !) d'exemplaires s'étaient vendus je renverrais évidemment à ce best-seller. Mais dans mes conditions de ventes lentes, les rares lectrices et lecteurs auront plaisir à retrouver ce texte (ou le passeront), quant aux autres... je doute qu'ils se précipiteraient sur cette pièce, sûrement peu habitués à la lecture du théâtre. Oui, le théâtre, ça se lit également ! En attendant sa représentation à Montcuq, ou Montcuq en Quercy Blanc. Qui plus est, dans ce "format large", elle nécessite uniquement trente-deux pages... Est-ce une augmentation de 28% ?

Montcuq, liberté, égalité, église recyclée

Acte 1

Face à face, dans leurs fauteuils, monsieur le maire et son épouse.

Le maire : – En six ans, je ferai plus que les vingt-trois maires réunis de notre histoire.

Madame : – Si mon père revenait, il te rappellerait qu'un maire de campagne doit d'abord s'occuper de ne pas augmenter les impôts.

Le maire : – Je suis arrivé, je les ai augmentés et tu as entendu une seule plainte ?

Madame : – Et de gérer le village en bon père de famille.

Le maire : – Mathilde, les villages, l'état n'en veut plus. C'est comme ça. 36000 communes, tu ne te rends pas compte ! Je te le répète : ce pays a besoin de super communes, efficaces, dynamiques, du tourisme, d'artisans, de services, de consultants, d'initiatives, d'investissements. C'est le levier de la croissance, indispensable, car elle ne tombera pas du ciel, même la bande de voyous du département l'a compris. Notre organisation est dépassée. Nous sommes la risée de l'Europe avec nos villages de pépères.

Madame : – Et pourtant, ça marche. Les gens sont heureux de vivre ici et ils ne veulent pas de ce genre de changement.

Le maire : – L'état veut des économies. Je serai le dernier maire de l'histoire du village.

Madame : – Tu le sais bien pourtant : regrouper les communes ne permettra aucune économie. Deux villages, deux secrétaires de mairies, on fusionne, on en vire une, et hop 20 000 euros d'économies… Tu me fais rire !

Le maire : – Le constat d'échec, je l'ai dressé. Que peut faire un maire avec 80 000 euros ? C'est le budget d'une famille ! Le plan d'actions, je l'ai exposé. Tu as entendu quelqu'un réfuter mon raisonnement ? Tous ont acquiescé.

Madame : – Quand on a un programme à ce point en rupture avec le passé, on le présente avant les élections.

Le maire : – Si on avouait aux gens ce que l'on compte faire, personne ne voterait pour nous. Tu te souviens de notre voisin se lançant dans la course à la présidence du Conseil Général.

Madame : – S'il s'agit de ton modèle !

Le maire : – Soit tu ne fais rien et alors tu pouvais l'annoncer, soit tu as de vrais projets et il faut les lancer durant la période de grâce. Que l'on soit maire ou Président de la République, c'est la même logique.

Madame : – En tout cas, je ne suis pas la seule à avoir lu sur Internet « les illusions de la fusion. »

Le maire : – C'est trop simple : il ne dit pas un mot le jour de la réunion et me balance sa chronique dans les pattes.

Madame : – Il prend le temps de la réflexion ! Tout le monde ne parle pas sous l'effet des émotions comme ton cher nouvel ami Albert… Il n'a toujours pas compris la nécessité de se taire quand on se prend systématiquement une cinglante réplique dans les dents.

Le maire : – Albert m'est très utile. Nous avons toujours besoin d'un contradicteur stupide, facile à mettre en boîte. Ainsi plus personne n'ose apporter de contradictions, redoutant d'être à son tour renvoyé dans les cordes. Et les points discutables ne sont jamais discutés ! Dans les entreprises, nous avons les syndicalistes. Ici, j'ai Albert. Je me dois de le choyer aussi bien qu'un syndicaliste. La France en est là, tu sais bien que nous avançons vers un système où ces inutiles individus disparaîtront. Mais c'est long. J'apporte ma pierre à l'édifice.

Madame : – Donc ne soit pas surpris que l'écrivain soit plus intelligent !

Le maire : – Mais ce n'est pas loyal. Il s'exprime et je ne peux pas conclure. Le dernier mot doit revenir à monsieur le maire.

Madame : – Ne soit pas injuste : il t'a même offert la possibilité de communiquer sur son site.

Le maire : – Ça ne peut plus durer cette pagaille. Je vais demander au préfet le moyen de récupérer ce nom de domaine.

Madame : – Au motif ?

Le maire : – Il me porte préjudice.

Madame : – Il possède le point com et la mairie peut acquérir le point fr, c'est bien ce qu'il t'a répondu.

Le maire : – C'est le point com qui m'intéresse.

Madame : – Hé oui, il te faut respecter la liberté de la presse.

Le maire : – Le peuple a besoin qu'on lui montre la voie, d'ambitions, d'une saine émulation dans le respect de la hiérarchie. La liberté n'est qu'un mot vide pour les démagogues. La liberté mène à l'anarchie, antichambre du chaos.

Madame : – Je les connais, les théories de la confrérie…

Le maire : – On a beau dire, le plus malin c'est bien le Baylet. Il a compris qu'un élu doit posséder l'unique quotidien d'une région pour faire avancer ses projets. Les médias devraient appartenir à l'état. Ou à des actionnaires patriotes, dévoués.

Madame : – Je la connais par cœur, ta théorie « la démocratie n'est pas la meilleure des organisations sociales. Ce qu'il nous faut, c'est une oligarchie éclairée dans laquelle par le travail chacun peut trouver sa place. »

Le maire, *en souriant* : – Tu pourras écrire mes mémoires, si Dieu décide d'abréger mon séjour ici-bas. Je ne t'ai jamais caché qu'après cette fusion, j'expliquerai au pays ma méthode. Et crois-moi, il se vendra mon livre, il sera édité chez un grand éditeur, soutenu par la presse. Je serai le vrai écrivain du village ! Si guignol s'était comporté correctement, j'aurais pu lui proposer de rédiger une préface et dans mon ombre il aurait bénéficié de mon succès.

Madame : – Comme tu le sais, « *être écrivain, c'est consacrer sa vie à la littérature. Et quand tu entres dans cette voie, tu ne peux plus te mettre au service de mesquines et basses ambitions.* » Selon ton écrivain préféré.

Le maire : – S'il n'est pas possible de récupérer son site sur la commune de manière légale, je vais lui proposer de le lui racheter.

Madame : – Et tu en ferais quoi ?

Le maire : – Je garderai ses photos et supprimerai les commentaires déplacés.

Madame : – Tu crois peut-être qu'il te le vendrait !

Le maire : – Il ne semble pas en situation financière de refuser une bonne offre. Si nous parlons parfois de ses articles, je ne connais personne ayant acheté le moindre de ses livres. Tu as encore constaté mon influence : même celui sur la commune, il a dû attendre sept mois avant d'en vendre un, et encore, à un belge !

Madame : – Et tu crois qu'il t'autoriserait à conserver ses photos si finalement il te vendait son site ?

Le maire : – Tout se négocie dans la vie. Tu m'as déjà vu échouer ?

Madame : – Certes... Réussir, échouer... Que signifient vraiment ces termes ?

Le maire : – Madame philosophe ?

Madame : – En attendant l'arrivée de ton cher et dévoué Premier adjoint, c'est sûrement la meilleure des occupations possibles...

Le maire : – Oh lui, si je pouvais en changer !

Madame : – C'est nouveau !

Le maire : – Non seulement il a passé des décennies à te faire la cour dès que j'avais le dos tourné...

Madame : – Oh !

Le maire : – Tu n'en es pas responsable, mon épouse chérie. Ta beauté a fait tourner plus d'une tête. Et pas seulement dans ce pays de bouseux. Ta classe naturelle a partout été reconnue. Mais en plus, revenons à mon premier adjoint, comme toujours, il ménage la chèvre et le chou.

Madame : – T'aurait-il manqué de dévouement ?...

Le maire : – Naturellement pas de manière nette et sans bavure. Par exemple, il avait bien informé "l'écrivain" de ses devoirs... Tu vas apprécier... « *Je pense que Monsieur le maire, enfant du pays, sera encore plus sensible que moi à vos publications, et si je peux me permettre de vous faire une sujétion, ce serait de lui offrir votre ouvrage, je suis certain qu'il en ferait large information et diffusion autour de lui...! »*

Madame : – C'est très bien.

Le maire : – Il n'a pas écrit « *Si je peux me permettre de vous faire une suggestion, [en insistant sur sug-ges-tion] ce serait. »* Mais il a eu, disons, un lapsus : "sujétion." [il épelle :) S-U-J-É-T-I-O-N.

172

Madame : – Oh le joli lapsus, et si juste ! Sujets de sa Majesté, levez-vous !

Le maire : – Mathilde, voyons. Respecte les vieux !

Madame : – J'oubliais !

Le maire : – Cela ne servirait à rien qu'il sache que je sais. Il s'excuserait « l'âge, oh l'âge »... Le besogneux petit insignifiant !

Madame : – Peut-être est-ce involontaire.

Le maire : – Il a des défauts, et on les connaît. Mais en trente années d'échanges, je ne l'ai jamais pris en faute dans les écritures.

Madame : – Il a donc réussi le grand écart de transmettre le message tout en exprimant sa pensée par ce lapsus... il a réussi un numéro d'équilibrisme, à condition que l'écrivain n'ait pas l'idée de te le faire suivre un jour... Tu l'as bien appris ainsi ?

Le maire : – Hum...

Madame : – Tu possèdes d'autres sources d'informations ? Tu aurais soudoyé sa compagne ?

Le maire : – J'ai « *juré de ne jamais mentir à la femme qui m'accompagne...* »

Madame : – Donc ?

Le maire : – Tu le sais bien : la partie est trop serrée pour que je puisse avoir confiance en qui que ce soit dans ce village...

Madame : – Donc ?

Le maire : – Ce fut simple, très facile finalement : la semaine dernière, il m'a suffi d'envoyer un petit virus à notre grand ami et il m'a communiqué ses mots de passe. Je lis ainsi ses mails...

Madame : – Oh ! Certes, dans le monde des affaires une telle pratique se comprend. Même le fiston y recourt. Mais ici ! Suis-je de même espionnée ?

Le maire : – Oh ! Je peux comprendre qu'après une telle information ta première réaction, après la surprise, soit la crainte d'être également soupçonnée. Tu es ma femme, et jamais je ne t'ai soupçonnée, je ne te soupçonne nullement, jamais je ne te soupçonnerai...

Madame : – Qui d'autre est ainsi... il va falloir inventer un équivalent à écouté ?...

Le maire : – Espionné me convient... Dans d'autres circonstances historiques, j'aurais fait un excellent espion. (*en souriant :*) Tu sais que j'ai toujours été au service de notre pays ; nos élus n'ont jamais eu à se plaindre de mes informations. Qu'ils m'aident aujourd'hui à imposer mes idées n'est que justice.

Madame : – Tu sembles ne pas souhaiter répondre à ma question.

Le maire : – L'ensemble de mes administrés connectés, sauf un...

Madame : – L'écrivain, je parie !

Le maire : – Hé oui, il n'a pas ouvert une seule de mes pièces jointes... Ce qui constitue un impardonnable manque d'intérêt pour ma communication et même un impardonnable manque de confiance.

Madame : – n'exagère pas !

Le maire : – Mais il m'amuse... J'aime éprouver un peu de résistance, surtout en le sachant sans ambition, le pauvre... Il continue à publier des livres sans en vendre... On ne peut même pas l'embêter avec un contrôle fiscal ! Il vit dans son petit monde des sans-dents... J'aime beaucoup cette expression !...

Madame : – Si Saint François t'entendait !

Le maire, *comme s'il ne l'avait pas entendue* : – Oui, il faut en finir avec l'assistanat. Nous sommes quand même dans un pays où par le travail tout le monde a la possibilité de devenir quelqu'un. J'en suis la preuve vivante. N'est-ce pas, ma chère et tendre épouse. Seuls les médiocres croupissent dans leurs échecs.

On sonne.

Le maire : – Quand on parle du larbin, il arrive enfin !

Madame : – Enfin, monsieur le maire, un peu d'élégance.

Le maire : – Vous avez raison, madame la Première dame. Il faut savoir rester aimable avec les valets.

Madame va ouvrir...

Le 1er adjoint : – Mes hommages, madame.

Madame : – Mon cher ami.

Deux bises très strictes. Il s'approche de monsieur le Maire, qui ne se lève pas.

Le 1er adjoint : – Monsieur le maire.

Le maire : – Mon cher ami.

Ils se serrent la main de manière peu chaleureuse.

Le maire : – Prends place (*il lui montre la chaise à deux mètres ; le premier adjoint s'assied ; on sent la situation étudiée de manière à montrer la supériorité du maire sur l'invité*)

Le 1ᵉʳ adjoint : – La réunion du Conseil Communautaire s'est déroulée comme vous l'escomptiez ?

Le maire : – Comme d'habitude ; rien d'intéressant les neuf dixièmes du temps. Et j'ai obtenu la subvention pour les travaux de mise aux normes de notre salle des fêtes.

Le 1ᵉʳ adjoint : – Très bonne nouvelle, monsieur le Maire.

Le maire : – Martine sera contente, son mari aura du travail pour l'année.

Le 1ᵉʳ adjoint : – Naturellement… on pourrait obtenir mieux et moins cher… (*en souriant*) mais il faut bien rendre service à notre chargée de communication.

Le maire : – J'ai également expliqué notre démarche de fusion. (*en souriant :*) Mon collègue m'a laissé cet honneur.

Le 1ᵉʳ adjoint : – Tout le monde vous a approuvé ?

Le maire : – Comme prévu, il leur semble urgent de freiner des quatre fers. Ils tiennent à leurs petits villages gaulois. Nous serons donc l'exemple. Quand nous aurons démontré que c'est possible, ils suivront.

Le 1ᵉʳ adjoint : – Monsieur le Président n'a toujours pas annoncé sa décision de démissionner ?

Le maire : – Malheureusement, il semble ne plus en prendre la voie. Il sera même candidat aux élections départementales. De manière confidentielle, il nous a annoncé la guérison totale de son cancer.

Le 1ᵉʳ adjoint : – C'est une très bonne nouvelle.

Le maire : – D'un point de vue humain, naturellement. Mais tu sais bien que cette communauté a besoin d'une vision dont ce pauvre homme est dépourvu.

Le 1ᵉʳ adjoint : – Il vous reste la possibilité de proposer une autre voie à mi-mandat.

Le maire : – Tu sais bien que ce n'est pas dans mes habitudes de renverser les tables. Je suis plutôt celui qui attend que les tables et les chaises soient par terre pour remettre tout en ordre. J'ai confiance en mon destin : une opportunité se présentera à la communauté comme elle s'est présentée dans la commune.

Le 1er adjoint : – Une idée, monsieur le maire : le président sera donc candidat aux élections départementales sur le canton des Marches du Sud-Quercy. Le redécoupage vous laisse l'opportunité de vous présenter sur le canton de Luzech.

Le maire : – Tu sais bien que le département est le lieu par excellence de la sclérose. Rien ne peut s'y faire. On ignore même ses futures attributions. Qu'irai-je faire dans cette assemblée de paralytiques ? Tu sais bien que je ne suis pas revenu avec des velléités politiques. Mon seul but, je te le répète, c'est de montrer la manière dont une commune doit être administrée. Tu sais que si j'avais souhaité faire carrière dans la politique, je l'aurais fait. Tu sais qu'à trente ans, c'est à moi qu'on pensait quand on cherchait un successeur à Maurice Faure. Mais j'ai préféré le monde des affaires, et tu connais ma réussite.

Le 1er adjoint : – Vous êtes un exemple pour tous, monsieur le maire.

Le maire : – Ton idée, elle témoigne de ta confiance dans mes capacités mais je ne serai pas candidat et tu peux de manière catégorique l'annoncer à tes amis qui t'ont sûrement prié de me sonder. C'est bien cela ?

Le 1er adjoint : – Il s'agit d'une idée germée durant cette conversation, elle s'est imposée en moi.

Le maire : – Petit cachottier !

Le 1er adjoint : – Vous connaissez toute ma considération dévouée.

Le maire : – Je sais, je sais… Excusez-moi… Comme tu le sais, ces maudits médicaments m'obligent à fréquenter le petit endroit de manière trop fréquente… Mais j'ai bon espoir qu'avec ma volonté, tout rentre bientôt en ordre.

Le maire se lève avec difficultés…

Le maire : – Le docteur ne m'a laissé aucun espoir : je vais mourir. Mais nous sommes tous dans ce cas. Et comme l'écrivait… (*on sent qu'il ne retrouve plus l'auteur, donc s'ajoute une douleur*) comme l'écrivait notre grand philosophe : « *une vie inutile est une mort anticipée.* » Je l'ai rassuré, ce bon docteur : je ne suis pas pressé et j'en enterrerai plus d'un…

Il sort… va aux toilettes…

Le premier adjoint se précipite vers madame dès la porte fermée ; elle tend ses bras pour le stopper…

- Madame, *très bas :* – Soit sage ; deux nouvelles : une très bonne et une très mauvaise : on a failli y passer !

Le 1er adjoint : – Comment !?

Madame : – Il espionne ton ordinateur, ta boîte mail.

Le 1er adjoint : – Il lit mes mails ! Comment !?

Madame : – Il t'a envoyé un virus espion et connaît tous tes mots de passe. Surtout ne m'écrit jamais. Il a lu le mail avec "sujétion" envoyé à l'écrivain.

Le 1er adjoint : – C'est très embêtant.

Madame : – Aurait-il découvert d'autres messages compromettants ?

Le 1er adjoint : – Rien de grave… mais avec mon fils, parfois… je lui raconte la vie du village.

Madame : – Tu ne lui as rien écrit à notre sujet ?

Le 1er adjoint : – Oh que non, il me croit toujours amoureux de sa mère.

Madame : – Ouf. Et alors, qu'y a-t-il d'embêtant ?

Le 1er adjoint : – Qu'il ne finira pas son mandat, s'il continue à s'épuiser ainsi.

Madame : – Oh, ce n'est que cela !

Le 1er adjoint : – Mais de manière plus brutale, peu aimable. Et entre membres du Conseil Municipal, nous nous lâchons parfois… Je vais donc lui annoncer ma démission ce soir.

Madame : – Surtout pas ! Il pourrait alors me soupçonner de t'avoir prévenu. Et s'il commence à me soupçonner, nul ne sait où il s'arrêtera.

Le 1er adjoint : – C'est vrai. J'ai réagi dans l'émotion de cette annonce qui me bouleverse.

Madame : – Et la bonne nouvelle, il m'a confirmé que jamais il ne m'a soupçonnée ni ne me soupçonnera... Mais attention, au sujet de la mairie, il n'a confiance en personne, il espionne tout le monde...

Le 1er adjoint : – Soyons prudents.

Madame : – J'ai entendu la chasse d'eau.

Ils se rasseyent.

Le 1er adjoint : – J'irai naturellement le voir cet adorable bambin... Qu'est-ce qu'il grandit !... Mais quitter mes vieilles pierres plus d'un mois me sera difficile (*il sourit à sa maîtresse*). Un tel voyage, à mon âge, me fait peur.

Le maire rentre sur cette dernière phrase.

Le maire, *en reprenant sa place :* – Ah l'Amérique ! Il était temps que tu sois grand-père à ton tour. Prends un appareil photo et comme guignol tu raconteras ton voyage, puisque ceux qui n'ont rien à dire ni montrer publient désormais !

Le 1er adjoint : – Il vient d'annoncer la vente d'un premier exemplaire. En Belgique ! Quel est le con de belge qui a bien pu s'intéresser à ces misérables photos ?

Le maire : – Un ancien vacancier, sûrement. J'ai lu comme toi qu'il signale qu'aucune électrice, aucun électeur du village ne s'est intéressé à « cette œuvre » (*avec emphase*)

Le 1er adjoint : – Vous pensez qu'il vous considère responsable de ce désintérêt manifeste ?

Le maire : – Les médiocres ont toujours besoin de trouver des responsables à leurs échecs.

Le 1er adjoint : – Vous ne pensez pas qu'on a eu tort de l'humilier ? Qu'il peut nous porter préjudice ?

Le maire : – Non. Il existe des règles. Celui qui ne les respecte pas se retrouve hors du jeu. L'insolence et l'impertinence n'ont pas de place en démocratie. Nous lisons parfois ses chroniques, ou les survolons, mais personne ne prend au sérieux ses

178

développements. Il manquera toujours de cette crédibilité qui ne s'acquiert que par la réussite.

Madame : – Je n'ai pas l'impression qu'il se sente humilié. Il se sent plutôt légitimé dans son rôle culturel face au clientélisme, aux clans, aux « petits bourgeois », comme il note.

Le maire : – Assez causé de cet insignifiant. Quand je parle, on m'écoute. Et il me suffit de quelques mots pour convaincre. Pour faire oublier même trois pages de délires sur Internet... À la fin du mois, le Conseil Municipal doit ratifier la convention de fusion. Je compte sur toi pour refaire le tour, t'assurer qu'aucun OUI ne manquera.

Le 1er adjoint : – Tous ont un dossier, une demande, en attente. Chacun sait qu'il n'a rien à gagner dans l'opposition bête et infondée, comme vous l'avez expliqué.

Le maire : – Oui, tout le monde a son coin de terrain dont la valeur serait multipliée par vingt s'il passait en constructible. Mais il faut parfois rappeler les choses pour qu'elles soient parfaitement comprises.

Le 1er adjoint : – Vous pouvez compter sur mon total dévouement, monsieur le Maire.

Le maire : – Je le sais, mon ami, tu es l'homme sur lequel je peux le plus avoir confiance dans mon village.

Rideau

Quelques jours plus tard. Madame dans le canapé. Elle soliloque.

Madame : – C'est une catastrophe !... Nous aurions pu devenir le centre du village, j'étais disposée à faire don de ma personne, à exercer mon rôle de première dame comme mère le fit. Avec discrétion, disponibilité, et une certaine classe en plus... Il aurait pu être apprécié, aimé... Puisqu'on n'acclame plus le prince... Et nous sommes la risée générale... « *Si vous êtes trop malin, vous risquez de passer à côté de l'essentiel* » nous enseigne un proverbe tibétain. Je l'ai toujours admiré. Toujours ! J'avais 8 ans, c'était facile pour lui de m'impressionner du haut de ses onze. Le meilleur élève de l'école. Le fils de l'instituteur était forcément le meilleur élève de l'école... mais j'étais trop gamine pour comprendre cette logique sociale. La fille du maire et le fils de l'instituteur, comme c'était mignon. On cherchait les œufs de Pâques ensemble. Quelle belle union en perspective. La plus belle des unions possibles, puisque monsieur le curé n'avait pas d'enfant... Enfin, c'est ce que l'on croyait... Si l'on avait su la vérité !... Des soutanes auraient flotté sur la Barguelonnette !... Le maire, le curé, l'instituteur, c'était ça, un village. Un clocher, une mairie, une école ; les églises sont fermées 360 jours par an, l'école est devenue une salle des fêtes, une vraie défaite pour nos villages, et "ce con" voudraient fermer la mairie. Oh, pardon mon chaton ! Ma langue a fourché ! Les opposants ont raison, le village c'est un symbole... (*elle sort son iphone... quelques secondes de surf et elle s'exclame :*) Oh mon Dieu ! À la une du site de notre village, ce bandeau « *les villages doivent disparaître !* », et c'est bien notre maison que l'on aperçoit au loin... (*elle lit :*) « les villages doivent disparaître !... Regroupez-vous ! Y'aura des médailles pour les plus zélés. Vous pouvez lire "les plus fêlés". Et même des invitations à la télé si vous vous exprimez correctement. Soyez les visionnaires du troisième millénaire ! En douceur, avec vous, grâce à vous, nous passerons de 36000 communes à 10 000 puis 600 mégalopoles.
Vive les mégalopoles, avec un mégamaire. Naturellement

professionnel, naturellement formé par les partis piliers de nos démocraties du clientélisme.

Et vive les sondages : 70% des français sont favorables au regroupement des villages ! Naturellement, les gens qui n'y vivent pas, si on leur prétend qu'un regroupement permettra des économies, ils s'y déclarent favorables. Ne pourrait-on pas nous demander notre avis ?

Non, les villageois ne sont pas capables de comprendre l'intérêt du pays ! Il convient de réaliser des économies de bouts de chandelles sur les villages pour financer les espaces verts des villes !

Il existe pourtant une autre vision de la campagne, celle de son respect, nullement passéiste comme nos visionnaires de pacotille le prétendent. Une campagne où il fait bon vivre, avec des écoles, des routes entretenues, des arbres fruitiers… Mais pour nos politicards, un village doit se gérer comme une entreprise. Vive les OPA. Alors, pourquoi ne pas immédiatement nous vendre au Qatar ou à la Chine ? Quel maire fut élu pour passer en force ? Le parlement offre une nouvelle arme anti démocratique aux collaborateurs : si le conseil municipal est favorable à la fusion, aucune consultation des électrices et électeurs.

Notre maire tient ses conseillers ou certaines, certains, au moins un, au moins une, pensera la démocratie locale respectable ?

Si notre village disparaît, la fusion servira d'exemple… Citoyennes, citoyens des villages, vous êtes toutes et tous concernés. »

Grande pause où elle fixe l'écran.

Madame : – Mon Dieu ! Pourquoi moi ? Je devrais les soutenir mais je n'ai pas le droit de les approuver… Mon Dieu ! Des vagues de contestataires vont déferler. Ce sera comme pour l'opposition à la haute tension, aux barrages, aux carrières, au gaz de schiste, aux autoroutes… Tous les hurluberlus, les marginaux, les écolos, les homos, les hardeux, les gauchistes, vont nous accuser de vouloir détruire notre modèle rural.

Grande pause.

Le maire entre, avec une canne.

Madame, *en le voyant* : – Tu ne devrais pas te lever.

Le maire : – Ce n'est qu'une entorse.

Madame : – Une entorse, avec ta pathologie, c'est pire qu'une jambe cassée pour un jeune homme.

Le maire, *s'asseyant* : – Ce n'est pas elle qui me tuera… Et j'ai demandé au nain de passer.

Madame : – Tu devrais parler de manière plus respectueuse de ton premier adjoint. Après tout, tu l'as choisi.

Le maire : – Un homme exceptionnel, dévoué, un ami, sur lequel je n'émettrai jamais la moindre critique ni pique en public. Mais nous sommes en privé. Je peux quand même encore te faire bénéficier du fond de ma pensée. Tout part en lambeaux, excepté ma pensée. Et mes dents. Tu l'as remarqué : mes dents résistent tandis que notre nain de jardin semble abonné chez le dentiste.

Madame : – Il possédait les compétences pour être maire. Je ne dis pas à ta place mais avant toi… tu le sais bien.

Le maire : – Il n'est pas né ici.

Madame : – Toujours cette vieille histoire du « né ici. »

Le maire : – Tu ne vas pas rejoindre le camp des chansonniers !

Madame : – Ah les imbéciles heureux d'être nés quelque part !... Ce n'est sûrement pas seulement pour la rime si Brassens citait Montcuq.

Le maire : – Ce n'est quand même pas toi, si respectueuse des traditions et de l'opinion, qui va t'opposer à ce principe de base de notre vie publique. Nous devons entretenir la mémoire du radicalisme et ce droit du sol en constitue l'un des piliers. Il a fait ce qu'il pouvait faire en venant du nord, et il en est récompensé par ce poste de premier adjoint en fin de carrière.

Madame : – Il aurait été nettement plus efficace que notre bouseux.

Le maire : – Certes, il n'aurait pas pu faire pire mais notre bon bouseux s'est écarté convenablement, sans chercher à s'accrocher au poste.

Madame : – Surtout après avoir compté les billets dans ton enveloppe !

Le maire : – Le pauvre bougre ! S'il savait que j'en ai obtenus le double du hollandais pour lui vendre à un tarif décent le chemin municipal.

Madame : – Il y a toujours eu de tels arrangements. Un maire doit savoir faire son beurre. C'est également ainsi qu'il tient son rang. Ce n'est pas ce que je te reproche. Mais les mesquines paroles sur ton premier adjoint ne me semblent pas dignes de toi. Tu dois être au-dessus de toute mesquinerie.

Le maire : – Il faut croire qu'un milieu médiocre peut même déteindre sur un homme comme moi.

Madame : – Pourquoi lui avoir demandé de passer de nouveau ?

Le maire : – Si un seul conseiller me lâche, c'est la chienlit. Je ne peux pas échouer. J'ai conduit de main de maître des fusions bien plus compliquées. 17000 hommes, j'ai géré, tu ne l'as pas oublié. Et pas une vague. Ce n'est quand même pas 300 bouseux…

Madame : – Ils s'organisent. Ils utilisent Internet, ils nous préparent une manif, ça semble évident.

Le maire : – Ils ? Tu peux retirer le S. Il est seul, il ne parle presque à personne. Il écrit des livres qui ne se vendent pas, il vit de rien. Qu'est-ce qu'il cherche ? Je lui ai tendu la main, je lui ai proposé de le faire connaître et tu vois comment il me remercie.

Madame : – C'est un artiste ! Après avoir lu son « je ne suis pas un sujet » tu dois regretter de ne pas lui avoir acheté son livre comme tu t'y étais pourtant engagé.

Le maire : – Je ne regrette rien. Il doit respecter monsieur le maire. Il devait me dédier et naturellement m'offrir ce livre.

Madame : – « Si tu offres un livre au maire, t'es une merde. » Sa position d'artiste ne me surprend guère.

Le maire : – Toi qui es prête à défendre l'âme des villages contre la fusion, tu devrais reconnaître qu'un administré se prétendant éditeur se doit d'offrir un livre à son maire. Comme le viticulteur nous offre quelques cartons.

Madame : – Je peux le comprendre. Mais il ne faut pas heurter les susceptibilités des petits artistes…

Le maire : – Qu'est-ce que ça changera pour lui, la fusion ? De toute manière, il ne sera jamais ni subventionné ni invité ! Il a choisi de s'opposer au système, tout homme responsable s'en méfie.

Madame : – Vivre debout, refuser de s'agenouiller devant les puissants. Ce courant de pensées a toujours existé chez les écrivains.

Le maire : – Qu'il s'occupe de ses livres et me laisse gérer la fusion. Tu vois bien que chez nos voisins, tout le monde s'en remet au bon sens du maire, qui lui suit mes conseils.

Madame : – La fusion a certes un avantage : le projet de ligne à très haute tension rentrera par la grande mairie et ainsi nous n'aurons plus de soucis électriques.

Le maire : – Tu le vois bien. C'est comme dans l'entreprise, les fusions permettent de faire sauter les zones de blocages, de contestations. On perd trop de temps dans ce pays avec les contestataires. Il faut vivre avec son époque : plus personne ne s'éclaire au pétrole et c'est fini le temps « *ici on coupe du bois si l'on veut se chauffer.* »

On sonne.

Le maire, *regardant l'horloge :* – Toujours ponctuel, notre ami.

Madame va ouvrir...

Le 1er adjoint : – Mes hommages, madame.

Madame : – Mon cher ami.

Deux bises très strictes. Il s'approche de monsieur le Maire, qui ne se lève pas.

Le 1er adjoint : – Monsieur le maire.

Le maire : – Mon cher ami.

Ils se serrent la main de manière peu chaleureuse.

Le maire : – Prends place (*il lui montre la chaise à deux mètres ; le 1er adjoint s'assied*)

Le maire : – Comme tu le sais, mon épouse me souhaiterait couché et tu reste très occupé. Allons-en aux faits immédiatement...

Le 1er adjoint : – Il écrit une pièce de théâtre. Il a montré le premier acte à ses compagnons hier soir. J'ai croisé Frédéric et Gwenaëlle qui se sont empressés de m'en informer. Ils étaient enthousiastes, ces petits cons. Ils s'improvisent acteurs. Ils ont convaincu le jeune berger et comptent en offrir une représentation au village.

Le maire : – Ils n'obtiendront jamais la salle des fêtes !

Le 1er adjoint : – Je leur ai signalé que monsieur le maire serait sûrement peu enclin à leur accorder cet espace public qui ne peut servir des intérêts contraires à l'intérêt général.

Le maire : – Tu as bien fait.

Le 1er adjoint : – Ils m'ont répondu qu'ils ne s'abaisseraient pas à quémander cette salle et joueraient en plein air, chez la nouvelle agricultrice.

Madame : – Entre le cabécou et la piquette digne de sa grand-mère, ils dégusteront un navet.

Le maire : – Le trouble à l'ordre public semble se caractériser. Continue ton enquête, et dès qu'une date sera connue, nous préviendrons la gendarmerie.

Le 1er adjoint : – Très bien monsieur le maire. Leur gamine chantonnait déjà ce qui semble être une déclaration de guerre.

Madame : – À ce point ? Sans exagération.

Le 1er adjoint : – Je l'ai immédiatement notée, leur chansonnette. Si vous y tenez…

Madame : – J'en suis même impatiente.

Le premier adjoint sort un carnet de la pochette de sa chemise.

Le 1er adjoint, *très doucement, sans la moindre intonation :* – « *Lundi matin, l'empereur, sa femme et l'premier adjoint Sont venus chez moi pour se faire offrir un bouquin.* »

Il s'arrête.

Le 1er adjoint : – Disent-ils, mes chers amis.

Le maire : – Une mauvaise adaptation de « *L'Empereur, sa femme et le petit prince.* » Déjà mon père la communiquait avec réticences aux enfants.

Madame : – Vous voici donc l'empereur, monsieur le maire, chez ces gens. Et moi l'impératrice Eugénie… Quant à vous, mon cher ami, vous souvenez-vous de l'histoire du petit prince de cette chanson traditionnelle ?

Le 1er adjoint : – Je vous avoue avoir peu étudié cette période.

Madame : – Je connais votre réticence à partir aux Amériques alors vous éviterez sûrement le pays zoulou, c'est ainsi que l'on appelait l'Afrique-du-Sud où est mort en 1879 l'unique enfant de Napoléon III et de son épouse l'impératrice Eugénie.

Le maire : – L'empereur… Au moins Néron pouvait prier Sénèque de se suicider et il se suicida prestement.

Madame : – Tu le crois capable de te caricaturer en Néron du canton ? Quel horrible rapprochement ! Il tua Agrippine, sa mère, après avoir liquidé Britannicus, son frère. Mon Dieu ! L'imagines-tu en train d'écrire que tu tuerais mère, frère et écrivain pour réussir ta fusion ?

Le maire : – Ce serait de la diffamation.

Madame : – Et même de la désinformation… car si tu as une sœur tu n'as pas de frère !

Le maire : – Ma chère Mathilde, l'instant est mal choisi pour faire de l'humour.

Madame : – Tu sais bien que ton nom n'apparaîtra pas.

Le maire : – Mais tout le monde saura donc s'il me provoque, je l'attaquerai en diffamation.

Madame : – Tu sais bien qu'un écrivain part du particulier pour atteindre l'universel. Sa liberté d'expression est plus importante que celle du simple citoyen dans nos démocraties décadentes.

Le maire : – S'il était vraiment écrivain il ne s'abaisserait pas à de telles attaques et ses livres se vendraient. Ce n'est qu'un idiot provocateur et je ne me laisserai pas diffamer.

Madame : – Tout devait être simple quand nous sommes rentrés au pays.

(durant cet échange entre le maire et son épouse, le premier adjoint regarde ailleurs)

Le maire, *se tournant vers le premier adjoint* : – Je suppose qu'il a ajouté quelques perfidies à « *Lundi matin, l'empereur, sa femme et l'premier adjoint...*

Sont venus chez moi pour se faire offrir un bouquin. »
Le 1er adjoint : – « *Comme j'ai dit tintin*
Adjoint m'a maudit
On vous laisse la nuit
Nous reviendrons demain. »
Madame : – Heureusement, les enfants ne sont pas nombreux par ici. Nous ne risquons pas de l'entendre sous nos fenêtres…
Le maire : – Mais c'est par l'humour, même de mauvais goût, même médiocre, que l'on peut pourrir une situation. (*une pause*) Très bien, je vais régler cette affaire à ma manière. Vous le constaterez, il n'y aura ni pièce de théâtre ni site Internet pour troubler notre fusion.
Madame : – Tu ne vas pas faire de bêtise au moins ?!
Le maire : – On ne fait jamais de bêtise quand on sait ce que l'on fait et pourquoi on le fait.

Rideau

Clocher mur à Ste Croix

187

Acte 3

Madame dans son fauteuil. Elle soliloque.

Madame : – Mon pauvre chaton ! Toujours ce besoin de se convaincre d'avoir réussi sa vie ! Qu'il fait quelque chose de sa vie... Et il ne saura jamais que je l'ai entendu, son père, lui crier « tu ne feras jamais rien de ta vie si tu n'es pas capable d'intégrer une grande école... » Comme c'est classique : le père a économisé sur tout, il voulait que son fils réussisse là où il n'avait pas eu la possibilité d'essayer. Cette grande idée de la troisième République : le grand-père agriculteur, le père instituteur, le fils président. (*en souriant :*) Au moins de trois Conseils d'Administration ! Et il a bûché comme un malade, et il fut admis à la cession de septembre et depuis... Et depuis il en est là... Il n'a peut-être même pas compris... Mais ça servirait à quoi, une franche discussion ?... « Oh toi et ta psychologie à deux sous » qu'il me balancerait en pensant me « clouer le bec. » Il est trop tard... Qu'il continue, je m'en fous... Son père fut le dernier instituteur, qu'il soit le dernier maire si ça l'amuse. De toute manière, dans cinquante ans, tout sera oublié... Il n'a jamais aimé cet endroit. À 15 ans, il ne parlait déjà que de Paris. À 20, Rastignac allait conquérir la capitale. Il ferait mieux que Gustave Guiches : lui serait riche ! Il est devenu riche mais a abandonné ses rêves littéraires. Il ne se souvient même plus d'avoir rêvé de vraie littérature. « *C'était des bêtises d'enfants, parce que mon père tutoyait le maître d'Albas...* » Il n'a jamais aimé cet endroit. Et durant quarante ans, il revenait uniquement par devoir, et le moins possible. S'il le pouvait, il goudronnerait tous les sentiers. Il ne supporte pas l'odeur des fleurs. Ça ne va pas s'arranger avec la cerise sur le gâteau, sa nouvelle allergie ! Être allergique aux pollens comme un pauvre parisien transplanté à la campagne ! Il ne supporte pas le silence ni les vélos... J'ai raté ma vie et je le sais... Il me reste au moins l'espoir de ne pas rater ma vieillesse, d'évacuer la distraction, l'inutile... D'éteindre la télé. J'ai toujours senti en moi l'appel de Saint François... C'est sûrement la raison de ma présence sur terre...

Le téléphone sonne… Elle se lève… regarde le nom…

Madame : – Hum Simone… Elle veut savoir ?… Mais je ne sais rien ! Elle veut parler ? Mais si elle savait comme elle m'ennuie !… Et maintenant il est trop tard, je n'ai plus à la convaincre. C'est le jour J. Les dés sont jetés. Oh ! Comme je déteste cette expression. (*le téléphone continue de sonner*) Après tout, ça me passera le temps (*elle décroche*) Ma chère Simone (…) Forcément, ton mari étant au conseil, ça ne pouvait qu'être toi (…) Le progrès ! Demande-en un à ton mari pour la Saint-Valentin (…) Permets-moi de te répondre que tu lui as donné un mauvais conseil. Tout le monde doit rester uni. Tout le monde a été élu sur la même liste, tout le monde doit assumer (…) Tu sais qu'il n'est pas le seul à parler de démissionner. Mais mon mari les a tous rappelés à leur devoir : toute démission serait considérée comme un désaveu de ses décisions, donc il la refuse. (…) Oui, espérons. Comme tu le sais, il suffit d'une seule voix NON pour enclencher une dangereuse procédure (…) Comme je te l'ai dit, mon mari n'y résisterait pas (…) Tu te rends compte, il a accepté la fonction de maire pour rendre service et maintenant le village écoute des gens qui ne sont même pas nés ici ! Qu'est-ce qu'ils en savent de ce qui est bien pour nos villages (… ; *signes d'exaspération de plus en plus visibles*) Notre fils aurait voulu être là mais il n'arrivera que dans la nuit. Il s'inquiète beaucoup pour son père. Comme moi, il trouve qu'il travaille trop (…) Merci d'avoir appelé Simone (…) Oui (*elle raccroche*).

    Pause.

Madame : – Oh, ce n'était plus possible !… Ces gens sont impossibles, insupportables !… Je ne veux plus les voir, plus leur parler ! Que tout finisse !

    Pause.

Madame : – J'ai failli en dire trop ! Il travaille trop… Il aurait continué jusqu'à 75 ans son petit bizness de consultant, spécialiste des fusions absorptions démantèlements, si la maladie ne l'avait pas frappé… et la maladie ne l'a pas changé… (*se voulant psychologue*) Oui, il peut tricher avec les autres. Mais pas avec moi. Il continue autrement… Juste pour ne pas se regarder en face… Les ouvriers, les usines, n'étaient que des données comptables dans les OPA, pourquoi accorderait-il plus d'attention à ces villageois ? Seul l'accord des actionnaires comptait. Peu importait que les informations communiquées soient vraies ou fausses : elles devaient convaincre du bien fondé de l'opération… Il méprise tout le monde… avec des degrés dans le mépris… Il les méprise tous… Certes, je ne peux pas lui donner tort… Ils sont tous tellement minables… Qu'est-ce qui les intéresse, à part l'argent ? Et qu'est-ce qu'ils en font ? Alors ils jalousent celui qui en a gagné tellement plus qu'eux !… Mais s'ils savaient ce qu'il en fait, de son fric ! Les pauvres ont tort de phantasmer sur le bonheur des riches ! J'ai de beaux diamants et un jacuzzi ! Ai-je vécu pour ça ? Si à 50 ans tu n'as pas un jacuzzi, tu as raté ta vie ! Mais pourquoi perdre son temps avec ces gens-là ?… Tout ça pour m'épater !… Comme quand il m'a pris la main en m'affirmant « je serai le premier enfant du canton à intégrer HEC. » J'aurais pu avoir une autre vie… J'aurais pu être la femme d'un Conseiller Général… Je serais veuve et la mieux placée pour lui succéder ! Mais tout ce qu'il me promettait, mon chaton, il le réalisait… J'ai mis du temps à comprendre qu'aucun de ses défis ne me concernait vraiment… Oh, ce n'est pas un manque d'attention, oh, j'ai été touchée qu'il m'annonce « on va retourner dans la maison de ton père et je reprendrai son flambeau de maire… Je vais rendre à la maison de ton père son prestige, la première place du village. » Il sait présenter ses projets pour entraîner… Mais il n'écoute personne… Il ne supporte pas qu'on puisse lui résister… Il accepte mes remarques, mes critiques mais finalement n'en tient pas compte…

Pause.

Madame : – Et nos enfants, déjà mariés, si jeunes… Je leur ai pourtant tellement répété « ne vous précipitez pas… vous êtes à l'âge où les apparences aveuglent, vous êtes à l'âge de l'ignorance et des serments pour la vie qui ne reposent sur rien de concret… Vous croyez savoir et vous ignorez l'essentiel… Mais que répondre à « toi et papa, alors ! Vous n'aviez même pas 20 ans à vous deux que vous vous engagiez déjà » ? Que répondre ? Des gosses s'amusaient et ils ont fini par croire en leur jeu. La fille du maire et le fils de l'instituteur, comme c'était mignon ! Je l'ai admiré... On ne construit pas sa vie sur l'admiration gamine et puérile... et quand l'illusion a cessé, j'ai pris des amants... Comme c'est facile, avec un "mari très occupé" ! Comme c'est affligeant ! J'ai été la femme la plus heureuse du monde ! Pauvres enfants, je vous dois bien ce mensonge ! Je ne suis même pas certain du nom de votre père biologique ! Oh, pauvre de moi ! Qu'ils interdisent les tests ADN durant nos vies ! Le monde est peut-être ainsi... Chacun fonce vers la vie active... On veut devenir grand... on joue aux grands et quand on se réveille on est vieux. J'aurais été l'une des dernières oisives... Mais c'est terrible, horrible, de réfléchir dans un monde en action... Peut-être comme de rester sobre dans une fête où tout le monde s'est imbibé d'alcools... Il n'y a plus de place pour des femmes comme moi... Ma pauvre fille !... Ma pauvre *executive women*... et je ne peux même pas témoigner... Je dois tenir mon rang ! La fille du maire devait tenir son rang, marcher la tête haute. La femme du maire doit tenir son rang, sourire.

Pause.

Madame : – Mais pour quoi ? Saint François a su tout abandonner... Comme je suis bien dans sa lumière... Le plus beau vitrail de l'église, et c'est grand-père qui l'a offert... Ça ne peut pas être un hasard. Ils me croient un peu bigote, d'aller m'asseoir sur notre banc. Et personne n'a compris pourquoi j'y vais toujours à la même heure... Ils ne peuvent pas comprendre... Je prierais même à la bonne réalisation de la fusion !... Les pauvres idiots !... Saint François, tu es là, quand brille le soleil... Comme j'aimerais pouvoir être enterrée sous cette dalle où le soleil t'expose, mon cher Saint François... Mais même la femme du maire, elle ne peut plus obtenir pareil honneur... On n'enterre plus dans les églises !

Pause.

191

Madame : – Il se dit chrétien… Mais essayerait de m'enfermer si je donnais tous nos biens aux pauvres… Oui, il a raison, notre poète : les riches du village feraient mieux de suivre l'exemple de notre Saint Antoine, l'Egyptien… Tout donner et vivre de peu, de pain et d'eau… Mais ça ne se fait plus… On ne donne pas aux pauvres… Ou alors quelques miettes aux associations, si le don ouvre droit à 60 % de crédit d'impôts… Donner, tout donner aux pauvres, ce serait déshériter ses enfants et même l'état l'interdit… Je n'en peux plus de cette vie… Notre poète… Il nous a bien roulés dans la farine !… Que d'argent dilapidé pour un pauvre site Internet et la promesse de ne présenter aucune pièce de théâtre dans laquelle figure un maire durant la vie de l'acquéreur… Disposée à tout donner aux pauvres, je regrette déjà ces miettes ! Je ne suis pas digne de toi, oh Saint François. (*elle se signe ; pause "contemplative"*)

Le téléphone sonne… Elle se lève… regarde le nom…

Madame : – Oh non, pas elle… (*le téléphone continue de sonner*)

Madame : – Elle est pire que l'ennui, "la folle". Mais elle était dans sa classe, la petite sœur d'Albert, donc Monsieur le maire la ménage…. Je ne vais quand même pas regarder la télévision en l'attendant… Il aura, comme d'habitude, le triomphe modeste… Une victoire parmi tant d'autres… Déjà !… C'est bien la voiture du (*en souriant*) « nain de mon jardin » que j'entends !

Elle se lève… regarde par la fenêtre…

Madame : – Mon mari et mon amant bras dessus bras dessous, comme c'est charmant ! Je vais leur ouvrir.

Elle ouvre la porte. Ils entrent. Le maire, très éprouvé, se soutient d'un côté sur sa canne, de l'autre sur l'épaule de son premier adjoint. Qui l'aide à s'affaler dans son fauteuil.

Madame : – Mais qu'as-tu ? Que se passe-t-il mon chaton ? Réponds-moi…

Les yeux exorbités, le maire ne prononce pas un mot, respire difficilement, la main droite posée à hauteur du cœur. Le risque d'une crise cardiaque semble élevé.

Madame : – Faut-il appeler le docteur ? (*se tournant vers le premier adjoint*) Que se passe-t–il ?

Le 1er adjoint : – 10 NON.

Madame : – Oh !

Madame, *prenant la main droite de son mari* : – Faut-il appeler le docteur ?

Le maire, *difficilement* : – Non, ça ira. Je vais aux toilettes et quand je reviendrai… (*se tourne vers son premier adjoint*) J'espère que tu auras disparu. Ne rêve pas : je ne démissionnerai jamais.

Le 1er adjoint : – Monsieur le maire, je ne vous ai jamais demandé de démissionner, je ne vous demande pas de démissionner, je ne vous demanderai jamais de démissionner. Le Conseil Municipal vous a élu, il attend votre décision.

Le maire, *difficilement* : – Parfait. Va… Va rejoindre les traîtres… Vous ne l'emporterez pas au paradis.

> *Le maire se lève, sa femme l'aide…*

Le maire : – Laisse, ça ira.

> *Il sort difficilement, sous le regard de son épouse et de son premier adjoint.*

Madame : – Toi également !?

Le 1er adjoint : – Jamais je n'aurais imaginé les autres capables de voter NON. On en avait tous envie mais on hésitait. Et tous on a pensé, « si je ne le fais pas, personne ne le fera, et on voulait tous 8-9 oui et 2-3 non pour laisser le village voter, pour sortir de cette crise.

Madame : – Mais pourquoi ? Votre réunion secrète hier soir, en plus chez toi ?

Le 1er adjoint : – Il exaspère tout le monde. Et le dernier rebondissement a accentué le fossé. Tout le monde en est arrivé à le trouver ridicule, de croire pouvoir tout s'acheter. Je n'ai aucune estime pour l'écrivain mais il est parvenu à nous rendre sa marginalité sympathique. « Vous n'achetez pas mes livres, donc j'ai vendu mon site… » Tout le monde a compris ce que tu m'as expliqué sous le sceau du secret. Tout le monde désapprouve cette méthode.

Madame : – Simple jalousie. Ces gens l'ont toujours jalousé. Tous attendaient une occasion de prendre leur revanche.

Le 1er adjoint : – Tu sais… En croyant acheter la victoire, il a commis sa plus grande erreur. L'écrivain a su enfoncer le clou en racontant « il m'a offert dix ans de tranquillité financière pour un site qui ne me rapportait rien et une pièce de théâtre qui n'aurait jamais été jouée avec droits d'auteur. » Il précisait même « je n'avais de toute manière pas trouvé de chute finale intéressante. » En souriant, il ajoutait « il faut parfois savoir profiter des obsessions d'un riche. » Il faut croire son talent d'acteur meilleur que sa plume car il a répété une dizaine de fois ce speech. Lui qu'on ne voit jamais, pour une fois il a croisé presque tout le monde…

Madame : – Que va-t-il se passer ?

Le 1er adjoint : – Ils me poussent à demander sa démission. Ils m'assurent de leur soutien.

Madame : – Tu n'es pas d'ici !

Le 1er adjoint : – Je suis d'ici depuis seulement trois décennies donc ne peux pas devenir maire ! Dans une situation normale. Mais en période de crise…

Madame : – Tu ne vas quand même pas faire cela ?

Le 1er adjoint : – Jamais je ne lui demanderai de démissionner car nous ne pouvons pas nous permettre que je sois en très mauvais termes avec ton mari. Mais s'il démissionnait, ma candidature s'imposerait. Lui et moi avons presque le même âge, et même si je n'y suis pas né, j'ai vécu plus de jours ici que lui. Ce sera ma position. Si toutefois elle ne te dérange pas.

Madame, *après réflexion* : – Tu es l'homme de la situation. Mais oui, tu dois attendre. Tu pourrais ramener la paix dans ce village. Mais je le connais, il va se lancer à corps perdu dans la campagne du OUI. Il promettra tout ce qu'il pourra promettre…. J'entends la chasse d'eau…

Le 1er adjoint : – Je me sauve. À demain (*en souriant*), même lieu même heure.

Elle le regarde sortir, amoureusement.

Le maire rentre... Il se tient à la porte, la main droite crispée au cœur.

Le maire : – Mathilde, fais les valises. On part.

Madame : – Mais le fiston arrive, mon chaton. Et tu dois te reposer.

Le maire : – Fais les valises... Il a les clés... On lui laisse un mot.... Il sera chargé d'annoncer aux voisins la situation.... Il faut créer un électrochoc dans la population... donc nous partons.

Madame : – 29 mai 1968, le général de Gaulle disparaît, se rend à Baden-Baden.

Le maire : – Exact.

Madame : – Mais aucun Général Massu ne t'attend. Et tu ne résisteras jamais au moindre voyage, même à Colombey-les-Deux-Églises, pas même à Saint-Cirq-Lapopie.

Le maire : – Je vais gagner ! I can do it ! (*il lève le point... mais se crispe... retour de la main au cœur ; deux pas vers son fauteuil... sa femme l'aide à s'effondrer dans son propre fauteuil...*)

> *Toutes les tentatives pour s'exprimer du maire resteront vaines.*

Madame*, en le regardant* : – C'est une crise cardiaque, l'infarctus du myocarde. Aucun doute.

> *Elle se rend près de la fenêtre, ouvre un tiroir, en sort une statue de Saint François d'Assise. Qu'elle va poser sur la fausse cheminée. Tout en fixant Saint François :*

Madame : – Ici, si loin de l'hôpital... Si j'appelle le samu dans les 3 minutes, il y a une chance sur deux de le sauver. Si j'appelle le samu dans les 10 minutes, il y a une chance sur cinq de le sauver. Si j'appelle le samu dans les 15 minutes, il y a une chance sur vingt de le sauver.

> *Le maire et son épouse se regardent. L'animosité semble réciproque.*

Madame : – Un tiroir ! Ce n'était vraiment pas la place de

Saint François. Désormais, quoi qu'il arrive, il ne quittera plus son piédestal.

Madame : – Aucun défibrillateur au village. Il y en aura un quand nous aurons tous fusionnés. À la grande mairie, à 30 kilomètres d'ici, à côté de la piscine communautaire.

Madame : – Qui pourra vivre ici ? Il faut accepter le risque de la mort faute de secours rapides ! Je n'aurai pas peur de la mort quand elle viendra, car je me serai réconciliée avec la vie.

Le maire semble avoir perdu conscience.

Elle s'approche du téléphone, reste quelques secondes près de lui, le décroche. Elle appuie sur une touche.

Madame : – Je crois que le vieux a un problème... Tu veux bien revenir, j'aimerais avoir ton avis... On dirait qu'il s'est endormi… Soit sans crainte…

Madame, *pour elle :* – Monsieur le maire est indisposé, j'appelle son Premier adjoint, c'est bien la procédure appropriée…

Elle retourne près de Saint François. Sourire mystique…

Madame : – C'est ça, aussi, de travailler à la disparition des écoles et des soins médicaux à la campagne... les enfants s'en vont et les vieux ne reçoivent pas assez rapidement les soins nécessaires…

Elle se déplace pour regarder par la fenêtre, va ouvrir la porte… Entrée du Premier adjoint.

Madame : – Sur mon fauteuil.

Le Premier adjoint se précipite, lui touche le visage, les mains, le poignet droit…

Le 1er adjoint : – Aucune réaction au toucher ni aux sons. Respiration inexistante.

Le 1er adjoint, *se tournant vers son amante :* – Même si ce sera inutile, il faut appeler le samu. Tu l'as fait ?

Madame : – Je t'attendais.

Le 1er adjoint, *réfléchissant, semblant comprendre la logique de cette attente :* – Tu as eu raison de m'appeler. Tu ne pouvais pas savoir que c'était aussi grave, c'est une crise cardiaque.

Madame : – Oh ! Une crise cardiaque ! Et nous sommes si loin de l'hôpital ! Si nous étions restés à Paris, il serait encore vivant… Mais je ne vais quand même pas regretter de l'avoir encouragé à revenir… tu me manquais tellement… (*elle se sert contre lui ; un peu surpris, il la prend finalement dans ses bras*)

Rideau-Fin

Épouvantail de Belmontet

Un mariage est définitif ?

Une fusion est définitive ? Bois-Guillaume-Bihorel fut une éphémère commune française, du département de la Seine-Maritime. Elle avait été créée le 1er janvier 2012 par la fusion des communes de Bois-Guillaume et de Bihorel, déjà le régime juridique des communes nouvelles (la loi de 2010).
Mais il y eut des opposants (dans les deux communes).
L'affaire est arrivée en 2013 devant le tribunal administratif de Rouen. Une annulation de cette fusion fut prononcée.
Motivation de l'avis : « information insuffisante et erronée. »
L'arrêté préfectoral fut donc annulé et les communes "recréées" au 1er janvier 2014.

Les patates rient du grand Montcuq

Qui récoltera la mise ?

Naturellement, les partis doivent en rire... S'ils en ont le temps...

En 2020, qui sonnera la fin de la récréation ? Ou en 2026 ? Certes, certains en auront profité quelques années. Ils n'espèrent peut-être rien de plus...

Rapidement, seuls "les partis" pourront former une liste de 23 ou 19, aux stricts critères sexuels. Naturellement, ils resteront ouverts "à la société civile". Mais avec une tête de gondole, de liste, inféodée, pour l'organisation. Les élections, c'est une grande organisation en démocratie oligarchique...

Qui va adhérer au PS ou au PRG ?

Qui rêve de l'auréole du Jacques Duèze de Montcuq ?
Jacques Duèze... le pape Jean XXII... "le pape de Cahors"... ne pas confondre avec Maurice Faure... Jacques, né en 1244 à Cahors...

Il avait 72 ans, quand, en 1316, le Collège des cardinaux s'est retrouvé enfermé dans l'église des Dominicains de Lyon par le Régent du trône de France, avec ordre d'enfin désigner un successeur à Clément V, mort depuis déjà deux ans.
Hé oui, il n'y avait plus de pape sur terre.
Trois tendances se déchiraient : dix Gascons, sept Italiens, adversaires acharnés du genre Front National / Front de Gauche et six Français divisés en trois Languedociens, un Quercinois, deux Normands.
De ce Sacré Collège devait sortir "le successeur de Saint-Pierre".
Le Régent du trône de France, Philippe de France, comte de Poitiers, voulait un pape, donc il avait muré les portes ! On n'imagine pas François Hollande agir ainsi, même Silvio Berlusconi (qui se contente de délivrer des certificats de crétinerie).
Durant cet "emprisonnement", Monseigneur Duèze ne se serait pas intéressé aux "manigances", il aurait amplifié son statut de vieillard à la fin proche...
Le "damoiseau" à son service l'aurait d'ailleurs encouragé à se

montrer de plus en plus affaibli. Joues creuses, il traîne les pieds...
Puis se lève de moins en moins...

Puisqu'il fallait un pape... Les cardinaux voulaient sortir de leur "retraite"... Philippe de Poitiers menace même de détruire le toit de l'église si le dénouement tarde encore... Ainsi les Italiens se rallient à l'idée d'un pape "de transition", l'agonisant Duèze... Et finalement, à l'unanimité, le 7 août 1316, il est proclamé...

Il s'efforce alors de marcher sans soutien... Miracle ! Il marche ! Et tous ne tardent pas à comprendre qu'il s'agit d'un très bon acteur... Jean XXII portera la tiare dix huit ans ! Jusqu'en 1316.

Et le comte de Poitiers devint roi en novembre ; Philippe V régna jusqu'en 1322...

Vous les imaginez, les 57 réunis en l'espace animations. Naturellement, madame le maire de Ste Croix doit rapidement se rendre à l'évidence : les promesses n'engagent que ceux qui les écoutent. Mais elle maintient sa candidature, face au premier adjoint de Montcuq et au seul réfractaire des votes, le citoyen de Lebreil. Monsieur Lalabarde est fébrile. Monsieur Caumon ne se mêle pas de ces péripéties, il est fatigué, se déclare satisfait d'avoir fait ce qu'il a fait, qu'il peut maintenant mourir avec le sentiment du devoir accompli. Et c'est ainsi que tard dans la nuit, la préfecture fut informée de l'élection de monsieur Patrice Caumon à la tête de Montcuq en Quercy Blanc. Après avoir rejoint les rangs du PS, il conduisait naturellement la liste d'union en 2020, largement élue face aux "énergumènes dont on peut douter de leur capacité à trouver chaque matin la clé de la mairie" comme il le déclara dans sa dernière grande interview avant les suffrages. En 2026 et 2032, certes avec des scores plus serrés, il réussissait à se maintenir. Et il fut incinéré avec les hommages départementaux et régionaux (un twit du directeur de cabinet).

Et s'il n'en est pas ainsi, il conviendra de conclure : Patrice Caumon n'est pas un aussi bon acteur que Jacques Duèze ? Patrice Caumon est chanteur... vous oubliez tout ! *Dans l'isoloir les sans-mémoires...*

Collectif d'informations Sainte-Croix, Valprionde, Lebreil et Belmontet ?

Dans la précipitation et l'absence de concertation avec les administrés, cinq maires ont décidé de la création de « Montcuq en Quercy blanc », de la disparition (maquillée quelques années en "communes déléguées") de Sainte-Croix, Valprionde, Lebreil et Belmontet. Nos conseils municipaux les ont suivis.

Le Compte rendu du Conseil Municipal de Sainte-Croix, du 10 septembre 2015, témoigne d'une méthode surprenante. L'éclairage du maire de Saint-Laurent-Lolmie sur le fonctionnement des réunions devrait nous inciter à réfléchir.

Notre conseiller département, Monsieur Marc Gastal, nous répondait récemment : « *Je suis totalement opposé à ce processus qui va dans le sens de la perte totale d'identité de nos territoires ruraux et le grossissement de l'urbain.* »

Dans son interview fleuve de "*la vie Quercynoise*" du 7 octobre 2015, le "coordinateur du projet", à la question de la "perte d'identité" assène « *il faudrait, d'abord, qu'ils nous définissent ce qu'est l'identité de leur commune. Je considère que Montcuq est davantage porteur, en termes d'image, que nos petites communes.* »

La ruralité ne signifie plus rien ?

Sur l'autre versant de l'échiquier politique lotois, monsieur Michel Roumégoux, notre ancien député, nous résumait : « *Dans ces moments de grande tension budgétaire il suffit de promettre trois sous de dotation (et pour combien de temps ?) en plus à une commune pour qu'elle se laisse séduire par quelques politiciens habiles certes, mais dont la pertinence de la vision de l'avenir reste encore à démontrer.* »

Quelle vision de l'avenir ont les Conseillers Municipaux favorables à la disparition de nos communes ? (seulement : ne pas s'attirer les foudres du maire ?)

Pouvons-nous croire aux promesses d'augmentations modérées des contributions ? Connaissez-vous « la charte » et les taux réels des taxes ? Même la taxe foncière ? Avez-vous lu leur charte ?

Que peut-on encore faire ?

Nous vous proposons d'y réfléchir, et d'agir par une lettre collective à madame la Préfète du Lot, qui aura la lourde responsabilité d'accepter ou refuser la création de « Montcuq en Quercy blanc. » Il faut déjà actualiser ce paragraphe pour le diffuser.

"Collectif d'informations Sainte-Croix, Valprionde, Lebreil et Belmontet"

> Diffuser ce communiqué ? Nous sommes si peu... et nous ignorons si d'autres se sentent également isolés...
> - Publie ton livre rapidement !

Quand même la nature du coin devient perplexe...

Tout lien de confiance est désormais impossible ?

Les maires s'honoraient du statut d'élus les mieux considérés, sûrement pas une question de compétences mais une conséquence logique de leur proximité les plaçant devant une certaine obligation de faire pour le mieux, tenir les promesses. Mais également, peut-être pas uniquement dans la légende républicaine, des maires sont réellement dévoués à leur commune, imprégnés d'un profond respect de son histoire, intériorisent et assument une continuité.

Une députée peut passer son temps à Roland-Garros plutôt qu'au Parlement sans que ça se sache...
Bon parfois si elle est blonde, on la remarque entre Noah et Zidane. Ils ne jouent plus, me rétorque une lycéenne en se marrant... Je serais vieux ! « et Roland Garros, tu sais qu'il est né le 6 octobre 88 ? Pas 1988 mais 1888... »

Même au pays des petites blagues, trêve de plaisanterie : ces maires viennent d'asséner un coup fatal à la confiance communale ; la délitescence républicaine semble totale...

C'est bien à une trahison des engagements de 2014 que nous venons d'assister en 2015.

Le désintérêt populaire

Naturellement, le désintérêt pour ce sujet, même chez les victimes toutes désignées, se comprend aisément : s'il ne s'agissait pas d'écrire un bouquin, aurais-je à ce point suivi les péripéties ?...

[- C'est pas juste, normalement personne ne devait décortiquer ma méthode !

- Chef, chef, et si on l'envoyait dans un camp de rééducation, il devrait bien y avoir un moyen : trouble à l'ordre public, constat par un Officier de police Judiciaire, avis médical, internement psychiatrique... Ça ne vous sera pas plus compliqué que d'arrêter les travaux de construction d'une piscine...

- Il suffit d'attendre... Nous nous affolons pour rien : son livre, personne ne le lira, il n'a pas d'amis dans les médias...

- Mais j'ai peur, chef, chef...]

Non, je ne vais pas replonger dans une pièce de théâtre...

Donc, quand on marmonne "je n'y peux rien", on se trouve toujours de bonnes raisons de ne pas se documenter. Et alors, même si on assiste à une réunion, on ne peut rien exprimer de cohérent ni démonter les propos à la limite du hors-jeu.

Nous sommes invités à ne pas nous occuper de politique...

Il n'y aura même pas de manifestation ? Sur l'air des lampions « *Caumon démission, la la, Lalabarde !* »
Chaque dimanche, jour de marché, le défilé des banlieues au son des poêles de Montcuq sur lesquelles taperont les administrés enfin informés du 28% transformé en 400 ?

Et maintenant ?

Dans ces conditions, la fusion prévue au 1er janvier 2016 semble au moins devoir être reportée. Avec « retour au peuple. » Sans se prononcer sur le fond, la méthode employée ne répond pas aux exigences républicaines, telles qu'un écrivain peut les concevoir. Naturellement, si personne ne se lève pour leur crier « stop », ils fonceront, jusqu'au mur, si la vie les garde parmi ses milliards de terriens.

À l'échelle de l'humanité ce dossier peut apparaître dérisoire mais il met en exergue la manière dont un petit groupe de population est devenu incapable de s'organiser pour gérer « son territoire. »

Sur le fond : Belmontet, Lebreil, Sainte Croix et Valprionde pourraient un jour s'unir, si les populations se fréquentaient. Mais les maires de ces communes n'ont rien fait (de visible) pour encourager ce bon voisinage. Il serait temps !

Ils ont dit OUI nous leur répondons NON !

Nous ne pouvons plus rien espérer de conseillers municipaux élus en 2014 pour gérer une commune et en 2015 l'assujettissant à Montcuq.

Nous ne pouvons plus rien espérer de conseillers municipaux de Montcuq : « Le chef-lieu de la nouvelle commune sera Montcuq qui s'appellera Montcuq en Quercy blanc ; les communes associées deviendront des communs délégués. » (comme le résume le "*Collectif du Quercy Blanc pour une transition citoyenne*", peut-être incohérent avec leur accroche « *pour une démocratie vivante et participative* »).

Ces conseillers municipaux ne croient sûrement plus en notre territoire.

Ils ne voient pas qui pourrait venir vivre ici dans une autre ambition que de profiter d'une retraite au calme après la réussite professionnelle. Des gens donc disposés à payer des contributions élevées ?

Nous sommes encore quelques-uns à croire en une vie active à la campagne. Même si cela nous prend du temps pour finalement vivre de peu !

Comment nous organiser ?

Il ne faut pas attendre de ces gens-là l'organisation du covoiturage, l'interdiction des pesticides au moins près des habitations (à moins de 500 mètres d'une habitation, les cultures agricoles devraient avoir obligation de ne plus empoisonner... si l'interdiction globale est impossible)...

Nos maires délégués ne sont plus là que pour les documents administratifs ?

C'était déjà le cas depuis longtemps ?

Ce livre "devant" se terminer en chanson. La parole à Beethoven : "Muss es sein ? " (le faut-il ?), "Es muss sein "(il le faut !).

Il le faut peut-être...

Et maintenant, que vais-je faire ? Il s'agissait du dernier livre ?

Au bout de la rue,
Parfois un chien de lotois

Même si cela n'y change rien...

Le "verbe" peut-il retourner la situation ? Il ne s'agit même plus de cela...

Jacques, oui, je sais bien, si tu interviens ils vont dire... Merci de tes réactions sur valprionde.com
Franck, oui, je sais bien, si tu interviens ils vont dire...

Mais nous n'intervenons pas pour eux ! Nous intervenons également pour nous regarder dans un miroir. Et pour la possibilité d'une île...

Ce bouquin n'est pas parfait. Il gardera les défauts de l'urgence...
Mais je serai toujours devant ceux qui ne font rien. À 45 ans Jacques Brel avait répondu une phrase de ce genre à Jacques Chancel... Oui, c'est presque un jeu...

On peut se planter complètement... et ne pas chercher d'excuse s'il s'en vend dix... On a fait les choses... Mais plutôt "aller voir" que de rester immobile...

Peut-être, "il est plus sage de ne rien dire"... "on ne va quand même pas répondre à monsieur le maire !" Oser contester les analyses d'un homme ayant tellement bien réussi "à Paris" ! (il a réussi quoi d'essentiel ? gagner de l'argent ? Gérer une entreprise à la satisfaction des actionnaires ? Mais ici...) Ni écrire à madame la préfète... "S'ils le savent, je serai mal vu(e)..."

S'écraser, s'agenouiller... certes, "on n'en pense pas moins"... et de toute manière "il n'y a pas de solution parfaite"... Ils râleront, un peu, beaucoup, passionnément... mais paieront... certains pensent récupérer dix fois ailleurs les miettes des taxes... De toute manière, les riches seront toujours riches et parmi les pauvres certains les envieront et d'autres... vous saluent...

Un livre à la gloire du "*club des 5*", du genre "merci à nos maires visionnaires" aurait sûrement généré une fête pour sa sortie où "l'œuvre" se serait arrachée comme les marrons chauds un samedi soir hivernal à Lille... T'en souviens-tu ? Chaque conseiller municipal aurait voulu obtenir son exemplaire dédicacé. Quel beau souvenir pour les petits-enfants... Ils vous demanderont pourquoi vous avez laissé faire cela.

Dans vingt ans, qui cherchera des traces de ces villages ?... Vous pouvez faire comme s'il n'existait pas, essayer de le discréditer en marginalisant son auteur (la marginalité étant un vilain péché ou une issue de secours dans un tel monde ?) mais il existe ce bouquin, il est même visible, sur Internet...

Vitrail réalisé par Dagrant, à Montcuq.

Cette représentation résume l'esprit de la fusion ?

Montcuq s'agrandit
Quatre communes soumises :
Lebreil, Valprionde, Belmontet et Sainte-Croix.
Les villages, vous l'avez dans...
Elle est belle l'image du Caumon
Tombées dans les rets de Montcuq

La commune nouvelle imposée aux administrés par des maires convaincus, elle existe. Certes, les villageois ne peuvent s'en prendre qu'à leur inertie mais le réveil sera douloureux : ils paieront des taxes aux seigneurs de Montcuq-en-Quercy. Le maire de Montcuq a eu l'opportunité qu'une zélé en mal d'agitation lui apporte des manants disposés à payer plus pour encore moins de services et considérations... *Tout est pour le mieux dans le meilleur des mondes...*

L'histoire de Belmontet, Lebreil, Sainte-Croix et Valprionde semble devoir s'arrêter le 31 décembre 2015. Le fossoyeur des patelins ayant catapulté ces communes dans les rets de Montcuq. On n'est pas absorbé par hasard... Comment ces villages à l'identité rurale quercynoise en sont arrivés à croire inéluctable leur féodale soumission à une contrée où la capitalisation de l'humour grivois sur son nom semble la plus grande ambition "culturelle" ?

Quand le village au Monopoly applique la loi du plus fort dans "la vraie vie"... Une petite histoire locale, significative de l'état du pays... Oui, l'incitation aux "communes nouvelles" a permis de tels débordements...

Madame la préfète a validé la création de la commune nouvelle sans se soucier de la méthode. Les féodalités se réinstallent... quelle sera la prochaine étape ?

Naturellement, quand fatalisme et clientélisme règnent, personne n'aurait dû en causer... Ils m'ont donné un bon sujet, je n'allais pas me gêner...

Soumissions à Montcuq

Belmontet, Lebreil, Sainte-Croix et Valprionde à genoux

Mentions légales

Tous droits de traduction, de reproduction, d'utilisation, d'interprétation et d'adaptation réservés pour tous pays, pour toutes planètes, pour tous univers.

Etude républicaine et indépendante du projet de commune nouvelle « Montcuq en Quercy Blanc. »
Sauf erreurs ou omissions.

Vous souhaitez bénéficier d'un droit de réponse ? C'est avec plaisir ! Il figurera dans la version 2 du livre, « position 2 », et durant son attente sur le site officiel du modeste bouquin entre vos mains (ou sur la table, l'oreiller...) :
http://www.montcuqenquercyblanc.com

Connaîtrons-nous une position 3 ?

Dépôt légal à la publication au format ebook du 25 octobre 2015.

Imprimé par CreateSpace, An Amazon.com Company pour le compte de l'auteur-éditeur indépendant.
livrepapier.com

ISBN 978-2-36541-701-3
EAN 9782365417013
Soumissions à Montcuq (Belmontet, Lebreil, Sainte-Croix et Valprionde à genoux) **de Stéphane Ternoise**
© **Jean-Luc PETIT - BP 17 - 46800 Montcuq - France**

www.ingramcontent.com/pod-product-compliance
Lightning Source LLC
Chambersburg PA
CBHW062054270326
41931CB00013B/3065